U0532293

本书获得东北财经大学出版基金资助

中国服务业多维景气监测和周期波动研究

王艺枞 ◎ 著

中国社会科学出版社

图书在版编目(CIP)数据

中国服务业多维景气监测和周期波动研究/王艺枞著. —北京：中国社会科学出版社，2021.9
ISBN 978-7-5203-8871-9

Ⅰ.①中⋯ Ⅱ.①王⋯ Ⅲ.①服务业—经济发展—研究—中国 Ⅳ.①F726.9

中国版本图书馆 CIP 数据核字(2021)第 159869 号

出 版 人	赵剑英	
责任编辑	王　曦	
责任校对	李斯佳	
责任印制	戴　宽	

出　　版	中国社会科学出版社	
社　　址	北京鼓楼西大街甲 158 号	
邮　　编	100720	
网　　址	http://www.csspw.cn	
发 行 部	010-84083685	
门 市 部	010-84029450	
经　　销	新华书店及其他书店	

印刷装订	北京君升印刷有限公司	
版　　次	2021 年 9 月第 1 版	
印　　次	2021 年 9 月第 1 次印刷	

开　　本	710×1000 1/16	
印　　张	14.75	
插　　页	2	
字　　数	193 千字	
定　　价	78.00 元	

凡购买中国社会科学出版社图书，如有质量问题请与本社营销中心联系调换
电话：010-84083683
版权所有　侵权必究

摘　　要

当前，我国服务业的增加值占比、实际同比增速和就业人员占比在三次产业中均居首位，服务业已占据产业主体地位，成为拉动国民经济增长和吸纳就业的重要力量。在经济新常态时期，服务业也是增长潜力最大、新增长点最多和产业结构升级的重点领域。因此，在经济景气监测工作中充分考虑服务业指标的信息变得尤为重要。

本书在借鉴国内外相关研究的基础上，结合经典的经济景气分析方法和先进的计量经济学方法，兼顾时效性和综合性对我国服务业进行多维度景气监测和周期波动特征研究。目前，我国正处于服务业和工业并行发展的阶段，服务业内部结构的变动趋势与典型工业化国家在相同发展阶段的变动趋势基本相符，而由于现有宏观经济景气监测研究框架下普遍采用工业增加值作为基准指标，所以对服务业的景气监测不但有助于及时、准确地反映服务业的景气状况和波动态势，而且可以使我国宏观经济监测框架更加完善和全面。另外，以往关于服务业和行业周期监测的研究中，由于受到数据频率差异的限制，一部分研究选择把月度数据转化为季度数据或年度数据，基于低频数据构建景气指数，另一部分研究为了满足时效性而舍弃行业增加值等一些比较重要的低频数据。季度和年度的景气指数无法及时反映行业的景气变动，难以作为宏观调控的参考，而舍弃重要低频指标会使景气指数包含信息不完整,削弱景气指数对行业景气的代表性。因此,本书在构建服务业景气指数和重点行业多维景气指数时,采用混频动态因子模型将月度和季度的重要一致指标结合起来,使结果能更准确、及时地反映服务业和行业的周期波动。

本书主要完成了以下工作。

1. 服务业景气指数构建与周期波动特征分析

首先,为兼顾时效性与信息综合性,本书采用多种指标筛选方法选取出服务业增加值季度增长率、消费者信心指数、社会消费品零售额、规模以上港口货物吞吐量、非制造业 PMI 和财新中国服务业 PMI 六个服务业一致指标构建了服务业景气指数。其次,结合服务业景气指数的波动特征与经济周期类型的划分提出了针对服务业的周期判别准则,并基于该准则测定了服务业景气波动的转折点和周期阶段。再次,通过计算服务业景气指数的周期特征指标并结合经济背景和历史事件,对 2002 年以来服务业周期波动进行详细的特征描述和原因分析。最后,本书通过将服务业景气指数与宏观经济景气指数进行对比发现,2008 年国际金融危机后,特别是经济进入新常态以来,服务业景气波动相对宏观经济波动更为平稳,对稳定增长和吸纳就业起到了重要作用。

2. 服务业周期波动的区制转移(rigime switching)特征与非对称性研究

本书在混频动态因子模型的截距项和方差项中同时引入马尔科夫结构,从服务业增速高低和周期波动强弱的双重角度对我国服务业周期运行特征进行更加深入和全面的分析。本书详细分析了服务业景气指数的截距及方差波动的演变轨迹,通过分析服务业景气指数在高增长—高波动、高增长—低波动、低增长—高波动和低增长—低波动四个区制下的阶段性特征,深入考察我国服务业周期的区制变化。同时,本书结合截距和方差的联合转移概率矩阵分析了我国服务业周期不同阶段间的转移特性，并探究在现阶段服务业可能呈现的周期形态。

3. 服务业重点行业多维景气指数的构建与周期波动特征分析

服务业内部异质性较强，各行业在总量、特征和功能等方面差异较大，为对服务业进行多维度的景气监测，本书在15个服务业行业中选取了代表生产性服务业的金融业和交通运输业，以及代表生活性服务业的批发零售业和房地产业，对这四个在总量和功能上均占据重要地位的重点行业分别筛选一致指标并构建景气指数，并对上述行业周期进行转折点判别，同时结合经济背景对四个重点行业的周期波动进行历史考察，分别对生产性服务行业和生活性服务行业的周期特征进行总结和对比。

4. 行业周期对服务业景气影响机制的时变效应分析

本书采用带有随机波动的时变向量自回归（TVP-SV-VAR）模型，对金融业、交通运输业、批发零售业、房地产业四个重点行业景气指数和服务业景气指数进行建模，通过分析在高波动时点和低波动时点上服务业对来自四个行业冲击的脉冲响应函数来衡量行业周期对服务业景气产生的影响效果与响应路径。研究发现服务业内部四个行业对服务业的影响与贡献存在明显的时变特征和行业差异。此外，本书通过总结生产性服务业和生活性服务业脉冲响应函数结果的规律和差异，进一步从两个不同方面刻画出传统非时变VAR模型难以捕捉到的动态变化特征。

本书的主要创新之处如下。

（1）目前我国已有针对服务业一些细分行业构建景气指数的研究，但还没有对服务业整体构建的月度景气指数，本书构建服务业月度景气指数考察服务业景气运行，完善了宏观经济监测体系。另外，在构建服务业一致景气指数和重点行业一致景气指数时，采用混频动态因子模型（MF-DFM），充分利用月度和季度重要一致指标包含的信息，提高监测工作的时效性和准确性。

（2）以往对经济周期的阶段划分或非对称性研究大多采用变截距的两区制马尔科夫模型，仅基于增长速度层面将景气周期划分为扩张和收缩两个阶段，针对服务业周期的研究则更为少见。本书在混频动态因子模型中同时引入了变截距和变方差的马尔科夫结构，通过详细分析服务业景气指数的截距及方差波动的演变轨迹，从增速和波动的双重角度考察服务业景气指数在四个区制状态下周期阶段性特征。

（3）本书在构建服务业及其重点行业的景气指数基础上，从服务业内部入手，基于时变动态角度分析服务业景气波动对来自内部四个重点行业冲击的响应路径并分析内在原因，这对深入理解服务业运行和政府的政策制定都有较大帮助，而现有文献对这一问题的关注非常少见。

关键词：服务业；景气监测；混频动态因子模型；马尔科夫区制转换；TVP-SV-VAR 模型

Abstract

At present, the share of added value, the actual growth rate and employed population of China's service sector have all rank first in the three industries, which make service sector becoming an important force for stimulating national economic growth and absorbing employment. Service sector has occupied the dominant position of the three industries. The service sector is the area with the greatest growth potential and the most growth innovation in the current economic new normal period. The focus of the industrial structure upgrade is to develop the service sector. Therefore, it is particularly important to fully consider the information contained in service sector indicators when conducts macroeconomic monitoring.

This book learns from the domestic and international economic cycle monitoring ideas, uses classical economic climate analysis methods and advanced econometric methods, takes into account the timeliness and comprehensiveness to carry out multi-dimensional situation monitoring and cycle fluctuations analysis of China's service sector. At present, China's service sector and the industry sector are developing simultaneously, and the changing trend of the internal structure of the service sector is basically consistent with that of the typical industrialized countries at the same stage. However, since the industrial added value is widely used as the benchmark indicator under the existing macroeconomic situation monitoring research framework. Therefore, the monitoring of the service sector's prosperity will not only help to timely and accurately reflect the prosperity and dynamics of the service sector, but also make China's macroeconomic monitoring framework more comprehensive. In addition, in the previous studies on service sector and industry cycle situation monitoring, due to the limitation of data frequency, a lot of coincident indexes were constructed at the quarter or even annual level, or some important low-frequency data were discarded in order to fulfill the requirements of timeliness, such as industry added value. The quarterly and annual coincident index cannot reflect the changes in the industry's economy in a timely manner, and it is difficult to be used as a reference for macroeconomic regulation. The abandonment of important low-frequency indicators makes the coincident index contain incomplete information and weaken the representativeness of the coincident index to the industry. Therefore, in the construction of service sector coincident index and the key industry multidimensional coincident indexes, the mixed frequency dynamic factor model is used to combine the important indicators of the monthly and quarterly frequency, which make the results reflect the cyclical fluctuations of the service sector more accurately and industris and have better timeliness.

The main work in this book can be summarized as follows:

1. Construct service sector coincident index and analysis the cycle fluctuation of service sector

First, In order to balance the timeliness and information comprehensiveness, this book uses multiple indicator screening methods to select the quarterly growth rate of service sector added value and consumer confidence index, the total retail sales of social consumer goods, port cargo throughput above the scale, non-manufacturing PMI, Caixin China's service sector PMI as consistent indicators to construct a service sector coincident index. Second, Combined with the fluctuation characteristics of the service sector coincident index and the classification of economic cycle, the periodicity criterion for service sector is proposed by this book, and the service sector cycles' turning points are determined according to this criterion. Third, this book analyzes the characteristics of the service sector cycles since 2002 by calculating the characteristics indicators of the service sector coincident index combining economic background and historical events. Finally, this book compares the service sector coincident index with the macroeconomic coincident index. After the financial crisis, especially since the economy entered the new normal period, the flucturtion of the service sector is relatively stable, that plays an important role in stabilizing growth and stabilizing employment.

2. Analysis the regime switching and asymmetry characteristics of service sector fluctuation

In this book, the Markov structure with variable-intercept and variant-variance are introduced simultaneously in the mixed-frequency dynamic factor model. From the dual perspectives of the service sector growth rate and service sector cycle fluctuation, this book conducts a more detailed and comprehensive analysis of the cycle characteristics of China's service sector. This book analyzes the evolution track of both the intercept and variance of the service sector coincident index. By analyzing the cycle's characteristics of the service sector coincident index under the four regimes include high growth-high fluctuation, high growth-low fluctuation, low growth-high fluctuation and low growth-low fluctuation; the characteristics of the regimes transfer in China's service sector cycle are deeply investigated. At the same time, this book combines the joint transfer probability matrix of intercept and variance to analyze the transfer characteristics between different stages of the service sector cycles, and the possible cycle patterns of the service sector at the present period.

3. Constructing multi-dimensional coincident indexes and analysis the service sector's cycle characteristics of four key industries in the service sector

The internal heterogeneity of the servicesector is strong, and the industries vary greatly in terms of total amount, characteristics and functions. In order to carry out multi-dimensional and comprehensive cycle monitoring of the service sector, this book selects the financial industry and transportation industry representing the producer service sector and the wholesale and retail industry and real estate industry representing the life service sector, which occupy important position in terms of total volume and function among the 15 service industries. Then, this book selects coincident indicators, constructs coincident indexes and determines the turning points for these industries separately. At the same time, this book combines the economic background to conduct a historical investigation of the cyclical fluctuations of the four key industries. In addition, this book summarizes and compares the cycle characteristics of the industries of the producer service sector and the life service sector.

4. Analysis of the four key industries cycle's time-varying impact on the service sector's situation

This book uses a time-varying vector autoregressive model with stochastic volatility (TVP-SV-VAR) to model the coincident indexes of financial, transportation, wholesale and retail, real estate industries and the service sector coincident index. By analyzing the impulse response function of the service sector from the impact of four key industries at the time of high fluctuations and low fluctuations, the impact and response path of the industry cycle on the service sector's situation are measured. The study found that there are obvious time-varying characteristics and industry differences in the impact and contribution of the four key industries to the service sector. In addition, by summarizing the similarities and differences of the respective impulse response function's results of the producer service sector and the consumer service sector, the dynamic change characteristics that are difficult to capture by the traditional time-invariant VAR model are further described from the two different aspects above.

The main innovations in this book can be summarized as follows:

1. At present, there are researches on constructing coincident indexes for some sub-sectors of the service sector, but there is not research on constructing monthly coincident index for the service sector as a whole system. This book constructs a monthly service sector coincident index to monitor the service sector cycles and improves the macroeconomic monitoring system. In addition, when constructing coincident index for service sector and key industries, a mixed-frequency dynamic factor model (MF-DFM) is used to make full use of the information contained in monthly and quarterly important coincident indicators to improve the timeliness and accuracy of monitoring work.

2. In the past, most of the studies used the two-regime Markov model with variant intercept, the business cycle was determined only from the perspective of growth rate; analysis of the service sector cycle is even rarer.

However, this book introduces both the variable-intercept and variable-variance Markov structure into the mixed-frequency dynamic factor model. Through a detailed analysis of evolution path of the intercept and the the variance of the service sector coincident index, this book investigates the periodic characteristics of the service sector coincident index under the state of four regimes from the dual perspectives of growth rate and fluctuation.

3. Based on the coincident indexes of the service sector and its key industries, this book starts from the inside of the service sector and analyzes the response path of service sector fluctuations to the impact from the four internal key industries based on the time-varying dynamic perspective. It is of great help to deeply understand the operation of the service sector and the government's policy making, and the existing literature has paid very little attention to this issue.

Key words: Service Sector; Situation Monitoring; Mixed-frequency Dynamic Factor Model; Markov Regime-switching; TVP-SV-VAR Model

目　　录

第一章　绪论 ……………………………………………………（1）
　第一节　研究背景与意义 ………………………………………（1）
　第二节　国内外文献综述和研究进展 …………………………（6）
　第三节　研究思路、研究方法与结构安排 ……………………（28）
　第四节　研究创新 ………………………………………………（34）

第二章　服务业景气指数构建与周期波动特征分析 …………（36）
　第一节　引言 ……………………………………………………（36）
　第二节　提取服务业景气指数的混频动态因子方法 …………（38）
　第三节　指标选取和模型设定 …………………………………（47）
　第四节　服务业景气指数估计结果及周期波动特征分析 ……（50）
　第五节　本章小结 ………………………………………………（60）

第三章　服务业周期波动的区制转移特征与非对称性研究 …（62）
　第一节　引言 ……………………………………………………（62）
　第二节　计量模型的构建与估计 ………………………………（64）
　第三节　四区制马尔科夫混频动态因子模型实证结果分析 …（69）
　第四节　本章小结 ………………………………………………（79）

第四章 生产性服务业多维景气指数构建与周期波动特征分析 ………………………………………………… (81)

第一节 引言 ………………………………………………… (81)
第二节 金融业景气指数构建与周期波动分析 ………… (83)
第三节 交通运输业景气指数构建与周期波动分析 …… (96)
第四节 生产性服务业多维景气指数与服务业景气指数 … (108)
第五节 本章小结 …………………………………………… (110)

第五章 生活性服务业多维景气指数构建与周期波动特征分析 ………………………………………………… (114)

第一节 引言 ………………………………………………… (114)
第二节 批发零售业景气指数构建与周期波动分析 …… (116)
第三节 房地产业景气指数构建与周期波动分析 ……… (126)
第四节 生活性服务业多维景气指数与服务业景气指数 … (140)
第五节 本章小结 …………………………………………… (141)

第六章 行业周期对服务业景气影响机制的时变效应分析 …… (145)

第一节 引言 ………………………………………………… (145)
第二节 计量模型的研究现状 ……………………………… (149)
第三节 模型构建与估计方法 ……………………………… (150)
第四节 行业周期对服务业景气影响机制的实证分析 … (159)
第五节 本章小结 …………………………………………… (179)

第七章 结论与政策建议 ………………………………………… (182)

第一节 结论 ………………………………………………… (182)
第二节 促进服务行业持续稳定发展的对策建议 ……… (186)

第三节　研究不足及展望 …………………………………（190）

参考文献 ……………………………………………………（191）

后记 …………………………………………………………（218）

第一章 绪论

第一节 研究背景与意义

一 研究背景

20世纪50年代开始,科学技术飞速发展、经济全球化进程不断加快和国际分工的进一步深化,带来了产业结构的巨大变革,服务业逐渐取代制造业成为一国经济增长的重要推动力量。从增加值占比来看,目前全球服务业(第三产业)增加值占GDP的比重已经超过60%,其中,发达国家这一比重已经在80%以上,中低收入国家这一比重也在40%以上。从就业人数占比来看,如今发达国家服务业的就业人数占比已经超过70%,发展中国家也已经超过40%。[①] 美国早在1987年服务业就业人数占总体就业人数比重就已经超过70%,服务业增加值占比超过65%(Layton & Moore, 1989)。

1978年,我国服务业增加值占GDP比重仅为23.9%。1992年6月16日,中共中央、国务院做出《关于加快发展第三产业的决定》(以下简称《决定》),提出要调整三次产业的比例关系,来优化国民

---

① 联合国统计司,https://unstats.un.org/home/.

经济结构，缓解经济生活的深层次矛盾并且促进经济更快发展。《决定》发布之后，中国政府制定经济政策的方向主要在于加快服务业发展，提高服务业在整个国民经济中的地位。同时，各地方政府在这一政策决定的指引下，纷纷主动调整投资的产业结构，引导资本流向服务业。自此，第三产业在国民经济中的地位不断上升甚至超过了第二产业。根据钱纳里的工业化阶段理论，从三次产业增加值占比和就业结构来看，我国已进入工业化后期后半阶段，在这一时期，第三产业从平稳增长转为持续高速增长，将成为产业和区域经济增长的重要推动力。在这一阶段，服务业，尤其是新兴服务业将迅速发展，对经济增长和经济结构优化作出重要贡献。

根据目前发布的服务业相关数据，增加值占比方面，2018年服务业增加值占比高达52.2%，超过第二产业11.5个百分点，比上年提高了0.3个百分点，服务业增加值对GDP增长的贡献率为59.7%，比上年提高0.1个百分点，超过第二产业23.6个百分点。我国经济正在由"工业型"向"服务型"转变，经济结构继续优化，第三产业逐步成为产业主体。

从总量上看，2018年服务业增加值实际同比增速为7.4%，显著高于第二产业5.8%、第一产业3.5%以及GDP6.4%的实际同比增速，服务业领跑国民经济增长，已成为推动我国经济增长的主动力。同时，2018年全国服务业生产指数比上年增长7.7%，保持较快增长。

企业质量方面，围绕高质量发展，服务业企业质量效益稳步提升。根据国家统计局发布的数据，2018年，规模以上服务业企业营业收入增长11.5%，其中，战略性新兴服务业、科技服务业和高技术服务业企业营业收入同比分别增长14.9%、15.0%和13.4%；规模以上服务业企业营业利润增长6.5%。"三去一降一补"取得明显成效，规模以上服务业企业每百元营业收入成本费用为93.62元，较上年下降0.47

元,创下三年新低。

税收来源方面,服务业已成为税收的主要来源。2017年,服务业税收收入占全部税收收入的56.1%,比上年增长9.9%,连续5年对税收收入贡献过半。

吸纳就业方面,服务业已成为吸纳就业的主渠道。2013—2017年,服务业就业人员年均增速5.1%,高出全国就业人员年均增速4.8个百分点。2017年,服务业就业人员比重比上年提高了1.4个百分点,达到44.9%,高于第二产业16.8个百分点。与第二产业相比,服务业劳动密集程度高,吸纳就业能力更强。

新增市场方面,服务业是新增市场主体的主力军。2017年,新登记注册的企业日均达1.66万家,其中近80%为服务业。2013—2016年,服务业新登记注册企业共计1283万家,年均增长31.5%。

固定资产投资方面,服务业是固定资产投资的主阵地。2018年,第三产业投资增长5.5%,占固定资产投资的比重为62%。

对外开放方面,服务业对外开放加快形成新的增长点。2018年,服务业进出口总额占对外贸易总额比重达到14.6%,比2012年提高了3.5个百分点。高技术服务出口增长明显加快,知识产权使用费、技术相关服务出口分别增长316.6%和30.0%。在我国吸纳的外商投资和对外投资中,服务业占比均超过50%。在2018年的博鳌亚洲论坛上,我国明确提出将大幅度放宽金融业市场准入,创造更具吸引力的投资环境,吹响了服务业进一步加快开放的新号角,这也必将带来服务业新的增长[1]。鉴于当前服务业对促进经济结构优化和维持经济稳定增长的贡献,我国迈向服务经济成为必然趋势,因此,把握服务业的景气周期和波动态势将成为中国工业化后期乃至未来迈向后工业化阶段的重要课题。

---

[1] 国家统计局,http://www.stats.gov.cn.

二 研究意义

2008年国际金融危机后,我国宏观经济的外部环境和内部条件都发生了巨大变化,我国经济结构趋于优化但同时困难重重。这一场因房地产泡沫引发的次贷危机,导致国际金融危机乃至经济危机,使各国都意识到对宏观经济监测不仅要基于总体宏观层面,更要关注行业、产业等中观层面,尤其像房地产业、金融业这些关系国计民生、产业前后关联度高且对经济影响巨大的服务行业更应该被重点监测。

当前,面对中国经济增速的持续下滑,过去30多年快速增长积累的风险开始凸显,我国经济进入了增速换挡期、结构调整阵痛期以及前期刺激政策消化期三期叠加,明显出现了不同于以往的新特征,"新常态"已经成为概括当前和未来一段时期国内经济形势的标准概念。习近平总书记在2014年亚太经合组织(APEC)工商领导人峰会上提出"中国经济呈现出新常态",并概括了经济新常态的几个主要特点:(1)速度方面,从高速增长转为中高速增长;(2)结构方面,经济结构不断优化升级;(3)动力方面,从要素驱动、投资驱动转向创新驱动。

从经济增速来看,不少国家都是从8%以上的"高速挡"直接切换到4%左右的"低速挡"。如1950—1972年,日本GDP年均增速为9.7%,1973—1990年回落至4.26%,1991—2012年更是降至0.86%;1961—1996年,韩国GDP年均增速为8.02%,1997—2012年仅为4.07%。[①] 而我国经济增速换挡阶段有望在6%—7%的"中高

---

① 联合国统计司,https://unstats.un.org/home/.

速挡"稳定运行一段时间，这显然与我国服务业的支撑和拉动作用密不可分，尤其像生产性服务业这类产业关联度高、对其他产业的拉动作用较强的部门。根据国家统计局发布发的数据，近年来，服务业对GDP增长的贡献率稳定在60%左右。因此，对服务业进行景气监测并把握其波动特征的意义在于可以及时、准确地反映服务业的景气状况和波动态势，同时扩展经济周期监测的角度和维度，对经济景气的把握更加全面和深入。

从结构层面看，经济新常态下，经济结构将发生全面深刻的转折性变化并且不断优化升级，经济由工业主导迈向由服务业主导。基于移动互联网的行业不断丰富，中国经济增长更集中于中高端，更多依托服务业和消费带动。要争取平稳较快转入经济增长新常态，促进深化改革和产业结构的调整升级是重点，服务业是中国下一步增长潜力最大、新增长点最多和产业结构升级的重点领域。在当前经济形势下，优化产业结构，大力发展服务业将会是新常态下经济发展的重要内容。目前，中国正处于服务业和工业并行发展的阶段，服务业内部结构的变动趋势与典型工业化国家的发展趋势基本相符，也和威廉·配第、克拉克和钱纳里等人的经典经济结构演变理论描述的产业结构变动趋势基本一致。与美国等发达国家相比，我国服务业增加值占比和服务业就业人数占比还有很大的提升空间，服务业会在经济结构中占据越来越重要的位置，而现有宏观经济景气监测研究框架下普遍采用工业增加值作为基准指标，服务业相关指标很少被关注到。在我国当前经济结构下，在经济景气监测框架中考虑到服务业的影响显然是必不可少的。因此，在经济新常态背景下对服务业进行景气监测，并探究服务业的运行特征和规律，可以使我国宏观经济监测框架更加完善，令政府对宏观经济运行状况的把握更加全面和深入，为政府部门进行宏观调控和政策制定提供参考。

此外，国内外大量研究表明，服务业发展的波动较为平缓。随着服务业占宏观经济比重的逐渐增加，其作为经济结构调整的"稳定器"作用将日渐凸显，而经济周期波动也将逐渐变得更加温和（Moore，1987）。随着中国第三产业的发展并日渐占据产业主体地位，服务业对我国经济的稳定器作用将不断增强。实际上，近年来我国经济增长已经呈现出以往所没有的平稳运行态势。因此，在当前经济新常态背景下对服务业的景气监测和周期波动分析具有重要的现实意义。

那么，服务业月度一致指标如何进行筛选？采用何种方法来构建服务业景气指数？我国服务业的周期波动特征如何？多维景气指数应包含哪些服务业细分行业？这些细分行业景气波动对服务业整体景气波动产生何种影响？为回答上述问题，本书基于相关经济理论和研究经验，采用传统和现代经济计量方法和计算机软件技术，通过构建服务业多维景气指数对服务业周期进行多层次、多维度的监测，并对服务业及其细分行业的周期阶段划分和转折点测定进行深入分析。

第二节 国内外文献综述和研究进展

本节主要从服务业经济的发展、经济景气指数构建方法、经济周期阶段识别与转折点测定三方面分别对国内外研究的理论成果及相关文献进行梳理。

一 国外研究历程及研究现状

（一）服务业经济的发展

澳大利亚经济学家费舍尔于1935年最先提出了"第三产业"的

概念，并基于这一概念进行国民经济产业结构的划分，从而形成了三次产业分类法。尽管"第三产业"和"服务业"在所包含的行业数量和界定方法等方面存在一些差异，但在关于第三产业的各种统计量和研究文献里，"服务业"和"第三产业"代表了相同的概念和内涵。

1. 随着经济发展，服务业会占据三次产业的主体地位

在三次产业分类法被提出之前，经济结构被粗略地划分为农业、工业和商业三个部门。在这种经济部门划分下，英国经济学家威廉·配第通过研究认为，工业收益比农业多，而商业的收益又比工业多，这种收入的差异会促使劳动力由低收入部门转向高收入部门，即劳动力最终会逐渐从农业部门转移向工业和商业部门。在1935年三次产业分类法被费舍尔提出之后，克拉克在1951年出版的《经济进步的条件》一书中，对威廉·配第的研究进行归纳和验证，得出配第—克拉克定理：经济增长会带动人均收入提高，在这一变化过程中，第一产业的国民收入占全体国民收入比重和第一产业劳动力占全体劳动力比重会下降；第二产业的国民收入占全体国民收入比重和第二产业劳动力占全体劳动力比重会提高；随着经济进一步增长，第三产业的国民收入占全体国民收入比重和第三产业劳动力占全体劳动力比重也会提高。钱纳里认为随着经济增长，产业结构的变动模式将体现为：服务业增加值在GDP中的比重几乎不变，劳动力会从农业转移至服务业。随后，美国经济学家库兹涅茨1971年在《各国的经济增长》一书中，论述了经济结构从农业生产占主导地位向制造业和服务业占主导地位的改变与经济增长的联系。上述研究都是从产业结构变化的角度总结服务业与经济增长之间的关系，研究一致认为，随着经济增长，经济结构的变化将体现为第三产业对总体的增加值占比、劳动力占比和国民收入占比随之提高，服务业最终占据三次产业的首位，显然这与发达国家以及中国当前的现实情况相符合。

还有学者从社会变革角度看待服务业的发展进程,约翰·加尔布雷斯从权力转移论的视角出发,提出了新工业国理论:由于在后工业化时期,技术和知识取代资本成为最重要的生产要素,拥有最稀缺生产要素就可以占据企业主导,所以权力落到技术型专家的手中。在这一时期,企业所有权与控制权分离,拥有专门知识的"技术结构阶层"取代资本家成了企业的实际掌权者,这种由技术专家掌管的企业被加尔布雷斯称为"成熟公司",由"成熟公司"构成的新经济体为"新工业国"。丹尼尔·贝尔从社会变革的角度提出了后工业社会理论,该理论认为所有权是工业社会的社会分层依据,而知识和教育是后工业社会的分层依据。库兹涅茨的历史统计分析认为,社会工业化过程伴随的不是劳动力从农业转移到工业,而是转移到服务业。

因此,无论从产业结构变化看还是从社会变革看,随着经济的发展,在经济结构中第三产业将逐渐超过第一、第二产业而占据重要地位,也就是说在一个成熟的经济体中,服务业理应成为产业主导,也必然会成为把握宏观经济景气的重要考量因素,这为服务业景气监测工作的重要性提供了理论依据。

2. 服务经济学的兴起及影响服务业发展的因素

随着理论的系统和完整,服务业逐渐成为经济发展的研究重点,Fuchs(1968)提出服务经济学理论,从服务业就业人数增加的现象入手,建立了服务业就业人数对经济增长影响的模型,提出了服务经济迅速增长的主要原因在于服务行业劳动生产率增长缓慢,而生产率增长缓慢的主要根源在于服务业从业人员的劳动质量不高。有国外学者对服务业的发展模式进行研究(Eichengreen & Poonam,2009),结论表明,服务部门增长呈现两轮态势。第一轮增长在人均收入达到1800美元(以2000年购买力平价美元计算)时达到稳定;在人均收入超过4000美元之后,服务部门的产出份额又开始上升,进入第二轮增长。

自20世纪60年代以来，发达国家先后进入服务经济社会（Fuchs，1968），传统观点认为，服务产品是无形的，并且对服务产品的消费是不可分割的，所以服务产品被认为具有不可贸易的性质。但是，Bhagwati（1984）注意到随着通信技术的进步，提供服务产品受地理距离的限制越来越少，这大大提高了服务产品的可贸易性，从而促进服务业迅速发展。对于影响服务业发展因素的研究中，Kuznets（1966）认为服务业发展的主要源泉是技术变革和社会劳动分工。Singelmann（1978）认为，由于服务业产品供需双方具有面对面交易的特点，所以城市化的深入能为服务业交易提供便利而成为服务业发展的重要原因。Markusen（1989）通过数理模型证明得出，规模效应对服务业发展的促进作用十分明显。Hansen（1994）认为企业对市场反映的灵活性是促进服务业快速发展的一个重要因素。此外，技术进步、服务贸易的发展和经济总体环境也不同程度地影响着服务业的发展。Shugan（1994）从分工的角度详细论述了服务业增长的深层原因，他认为技术革新引起的劳动在国内外的分工深化能促进服务业迅速发展。此外，还有学者认为服务业比重提高的速度和一国的开放程度成正比（Eichengreen等，2009），这对当前阶段我国服务业的发展也是一个有利条件。

3. 服务业发展与经济增长

随着服务业理论的日渐完善，众多研究开始关注服务业增长机制与经济增长的关系。Fourastie（1949）认为，随着经济增长，人们的最终需求层次随之提高，这一部分的需求和消费主要发生在服务业，即经济增长会引起服务业产品的需求和消费的提高。而Summers（1985）使用1975年34个国家的数据，采用以PPP计算的实际人均GDP作为解释变量，分别以服务业支出的名义值和实际值作为被解释变量，发现服务业的实际支出与收入水平之间没有显著的正相关关系。Windrum 等（1999）比较了英国、德国、荷兰和日本知识密集型服务业对国民产出的影响。Pugno（2006）在效用函数和人力资本积累函数中同时引入服务业消费，基于服务消费偏好、人力资本积累来分析服务业与经济增长之间的关系。Wilber（2002）基于内生技术进步模型证明了若制造业资本密集度高于服务业，则服务业扩张会令经济长期增长率降低；若制造业资本密集度低于服务业，则服务业扩张会令经济长期增长率提高。Alexandru（2013）用多标准分析方法证明罗马尼亚服务业发展对经济各方面的主要影响，并从中期和长期两个角度阐述了服务业影响经济增长的正确路径。

此外，Fuchs（1968）提出服务经济发展在商业周期中将会日渐稳定，所以它的意义在于可以作为经济结构调整的"稳定器"来降低经济的波动性。Moore（1987）也认为由于服务业发展的波动较为平缓，随着服务业在宏观经济中比重的逐渐增加，其作为经济结构调整的"稳定器"作用将日渐凸显，而经济周期波动也将逐渐变得更加温和，这和我国当前经济新常态阶段的经济事实相符。

（二）经济景气指数构建方法

经济周期波动理论是研究产业周期和行业周期波动的基础，经济景气指数构建和周期监测的方法可以直接应用在产业或者行业的景气监测中，且各产业及行业的周期波动与宏观经济周期波动有着密不可分的联系。因此，对服务业进行景气监测和波动特征研究，有必要对经济周期理论的发展和研究现状进行梳理。

1. 以哈佛指数为代表的景气监测时期

20世纪初，西方经济统计学界开始对经济周期波动进行分析和预测。1909年，美国统计学家巴布森设立了世界上最早的景气监测机构——巴布森统计公司，定期发布反映美国宏观经济状况的巴布森景气指数和图表,这是比哈佛指数还早十年的第一个关于经济周期波动的指示器。

1917年,哈佛大学设立经济研究委员会,主要工作是监测和分析经济周期波动等。哈佛委员会利用新的景气指数编制方法编制了"美国一般商情指数"——哈佛指数,并从1919年1月开始在《经济统计评论》上定期发表,这是当时最具影响力的景气指示器。哈佛指数因为对1919—1925年的经济波动做出正确预测而名声大噪,在当时信誉和评价极高。尽管哈佛指数在1929—1933年大萧条之前未能给出正确预测而失败,但是它对近代的经济周期波动的监测研究产生了重大的影响。

同一时期,美国著名经济统计学家密歇尔(也作米契尔)于1913年发表著作《商业循环》,是测定经济周期波动研究的开创性著作。1927年,密歇尔又出版了《商业循环:问题和调整》一书,对20世纪初以来的经济周期测定和景气指数构建研究进展进行了详细归纳和总结,并讨论了利用经济变量间的时差相关关系来提前反映经济波动的问题。

2. 以扩散指数和合成指数为代表的景气监测时期

美国经济周期波动监测研究工作在哈佛指数失败后,将重心转移到美国国家经济研究局(NBER),该机构成立于1920年1月,由密歇尔担任第一任主席。1946年,密歇尔和经济统计学家伯恩斯出版的《量测商业循环》(*Measuring Business Cycles*)一书对景气监测方法问题进行了系统介绍,包括周期波动的监测、趋势分离和平滑技术等方面。此外,书中特别指出经济波动的扩散思想,即经济波动是在宏观经济系统中的各部门间逐步"扩散"的,各部门的景气波动并不是同时发生的。

20世纪50年代后,经济周期波动监测研究进展迅速。1950年,美国国家经济研究局基于密歇尔和伯恩斯提出的经济波动扩散思想，从众多经济指标中筛选出代表经济景气情况的21个指标，并将这些指标划分为先行指标、一致指标和滞后指标三类，从而实现了对哈佛指数的改进。在经济波动监测方法上，与哈佛指数平均数算法不同，开发了扩散指数（DI），基于当时数据的先行扩散指数通常可以在经济衰退的6个月之前给出信息。1960年，经济波动监测指标组又被NBER扩大到26个指标。但是，扩散指数有一个缺陷，即无法对经济波动的程度作出度量，为此美国经济统计学家希斯金主持开发了新的景气指数——合成指数（CI）。合成指数能同时对经济形势变动的方向和振幅给出判断，因而比扩散指数更加完善，成为构造经济周期波动监测系统的基本方法之一。自1968年11月起，美国商务部在《商情摘要》上开始同时发布经济扩散指数和合成指数。此外，多元统计分析方法也被许多经济学家和部门用来研究经济周期的波动，日本山一证券研究所的YRI景气指数和日本经济研究中心的JCER景气指数就是基于主成分分析来研究微观经济周期波动的。

3. 增长循环概念的提出及趋势分离方法

第二次世界大战后，凯恩斯主义理论逐渐被多数西方国家所采纳，使政府对本国经济进行了大规模干预，加之技术进步和产业结构改变使得第二次世界大战结束后的经济周期波动变得比较平缓，古典周期波动（即经济"绝对水平"的上下波动）较难识别。鉴于经济周期波动形态的变动，一些西方经济学家在20世纪60年代末提出了"增长周期"的概念，增长周期是剔除掉宏观经济变量的长期趋势，将循环要素作为研究对象。增长循环分析有赖于趋势分离的结果，趋势分离的结果会对经济周期波动的转折点和周期持续期等结果产生影响，因此在进行趋势分离时选用何种方法是增长循环分析的关键。估计趋势的方法比较多，如回归分析法、移动平均法、阶段平均法等。此外，

Beveridge 和 Nelson（1981）基于含有单位根的时间序列进行趋势分离的情况提出了 BN 分解方法；还有一种办法是把趋势和循环要素视为不可观测成分，基于状态空间模型形式并利用卡尔曼滤波来估计，前提要假定差分平稳时间序列的趋势成分和循环成分的生成机制已知；实际经济周期模型的研究中广泛使用了 H-P 滤波（Hodrick 和 Prescott，1997）方法；Baxter 和 King（1999）研制了近似带通滤波（B-P 滤波）。

4. 经济周期波动分析的国际化和多维化

1973 年，美国国家经济研究局搜集了美国、加拿大、英国、联邦德国、日本、法国、意大利 7 个工业先进国的统计数据，开发了"国际经济指标系统"（IEI），用以监测西方主要工业国家的景气变动。1979 年，Rutgers 大学建立了"国际经济周期研究中心"，后于 1983 年移到哥伦比亚大学。该中心除编制针对上述 7 国的 IEI 指数，还逐步开展其他国家的经济周期研究。1978 年，OECD 构建了监测成员国经济的先行指标系统。1979 年，欧洲共同体也开始了关于成员国景气状况监测系统的研究。

1996 年，Moore 在纽约创立了经济周期研究所（ECRI）。ECRI 提出了一个监测经济周期的多维框架，同时"监视"经济中的三大方面：总体经济活动、通货膨胀和就业，拓展了传统方法监测的范围和层次（Banerji 等，2001）。除了经济总量外，ECRI 还对经济活动中各个方面的波动及其成因进行研究，如产业、外贸、消费、投资和物价等，以及一些突发事件或不可预测因素对经济的影响。随后，ECRI 引入经济周期立方体的多维框架，这种多维结构可把多角度的周期波动组合到一个统一的框架中，同时监测经济的不同方面和它们之间的动态相关关系，从而更有效地描述经济复杂系统的运行状况。此外，经济周期立方体的另一个主要改进是将先行指标分成了长期先行指标和短期先行指标，这样，长期先行指标、短期先行指标和一致指标构成了一个可顺次监控周期波动的系统。

5. S－W 景气指数思想及其延伸

1988 年，Stock 和 Watson 利用状态空间方法从多个经济指标中提取一个不可观测成分，后将其命名为 S－W 景气指数，作为代表经济景气的指数。与之前 CI 和 DI 等传统经济周期波动测定方法相比，S－W 景气指数建立在严密的数学模型基础之上，并且用状态空间方法从原序列中把季节成分分离出来，这种新的季节调整方法可以克服 X－11 季节调整方法在序列两端损失信息过多的不足，此后状态空间方法成为研究经济周期波动的普遍方法。

S－W 指数关注经济协同变化特征，但无法描述经济变量变化的非线性和非对称性。而 Goldfeld 等（1973）提出的马尔科夫区制转移（MS）模型，后来被 Hamilton（1989）引入时间序列模型中，可以捕捉经济变量的非线性和非对称性特征。为同时描述经济变量的协同变化和非线性特征，Diebold 等（1996）利用 Stock 和 Watson 的动态因子模型，构建反映经济协同变化的景气指数，然后再基于该指数利用马尔科夫模型分析它的非对称特征，这种方法被称为"两步法"建模。此外，Kim（1994）在动态因子模型中加入马尔科夫区制转移结构，使用极大似然近似估计方法进行"一步法"估计。Chauvet（1998）、Kim 等（1998），都将这一估计方法应用在经济周期特征分析中。Camacho 等（2014）在对美国经济周期转折点研究时对比了"一步法"和"两步法"的结果，发现"一步法"的结果更加稳健；Doz 等（2017）采用蒙特卡洛（Monte Carlo）模拟对比了使用这两种方法估计模型得到的参数一致性，得出与 Camacho（2014）类似的结论，即采用"一步法"估计得到的参数一致性更稳健。

传统 S－W 指数的缺陷在于没有充分利用"高维数据"的信息，纳入模型中的一致指标个数较少。另外，该方法的模型假定比较严格，要求指标间不存在相关关系，并且随机扰动项是满足正交性的。针对这一问题，Forni 等（2005）利用动态主成分法构建广义动态因子模型，并基于该方法构造了欧元区的月度景气指数。该模型可以在统一框架下同时提取多个不可观测成分，从而更好地反映模型的动态性质，且不需要事先判断可观测变量与基准指标的先行、一致和滞后关系；Altissimo 等（2010）对广义动态因子模型进行了扩展研究，重点监测周期成分在 1 年以上的景气波动。还有学者以交叉谱分析、带通滤波等工具为基础，提出了在特定频带上度量序列间相关性和先行、滞后期的新方法，提高了分析变量同步性的准确性，成为景气分析发展的另一个新方向（Stock 和 Watson，2005）。

  由于宏观经济数据并不完全按照统一频率进行公布，在对宏观变量构建模型时，需要先把变量的频率统一起来。而不管是把高频数据转化成低频数据，还是把低频数据转化成高频数据，都会改变原始指标包含的信息而可能产生误差。混频动态因子模型的出现解决了这种处理不同频率指标的难题，多数学者将季度 GDP 与月度经济指标结合起来构建经济指数。Mariano 等（2003）认为将季度 GDP 引入动态因子模型中有两点好处：首先，通过加入 GDP 包含的信息可提高模型的功效；其次，可将共同因子理解为潜在月度 GDP 的增长率。因此，他们基于季度 GDP 增长率和潜在月度 GDP 增长率的逻辑算式构建混频动态因子模型，利用季度和月度指标构建月度景气指数对美国经济周期进行监测。Proietti 等（2006）以月度 GDP 和季度 GDP 水平值之间的数学关系为基础，对对数季度 GDP 和对数潜在月度 GDP 施加非线性约束，在状态空间模型下利用线性近似和非线性近似方法估计潜在月度 GDP。Aruoba 等（2009）在动态因子模型中引入加总算子并提出基于 GDP 同比增长率的混频动态因子方法构建了美国日度宏观经济景气指数，该方法已被美国费城联邦储备银行采用，构建并按周发布 ADS

指数作为实时监测美国经济运行的综合指标。另外，Clements 等（2008，2009）也采用混频数据对宏观经济进行监测和预测。

6. 服务业及其细分行业的景气监测

对服务业景气指数的研究始于 Layton 和 Moore（1989）用合成指数方法构建美国服务业一致指数和先行指数。此后服务业周期监测方面的文献寥寥无几，近年来仅见于 Sinha 等（2012）构建了印度的月度服务业指数来测定服务业增加值的走势，期望有助于当局制定货币政策。服务业细分行业的景气指数研究也并不多见，关于服务业内部几个重点行业的研究中，Lahiri 等（2003）分别用链式 Laspeyres 指数和 Fisher 理想指数方法构建了美国交通运输行业的月度产量指数。该指数分别从货物运输和旅客运输两个角度来提取，研究发现交通运输产量指数的货物运输部分占据主导地位。之后 Lahiri 和 Yao（2006）采用 NBER 合成指数方法和动态因子方法分别构建了交通运输行业的景气指数，两种方法得到的结果相近。Zetland（2010）构建了美国房地产市场指数（REMI）来测量房地产市场运行及流动性。Tsolacos 等（2014）分别用 Probit 模型和马尔科夫转移模型对美国房地产市场商业用房租赁情况进行转折点预测。对金融业指数的研究相对较多，近年来比较有代表性的如 Koop 和 Korobilis（2014）采用具有时变参数的因子增广向量自回归（TVP - FAVAR）模型构建了美国的金融状况指数来反映金融业的运行状况，并认为该指标对产出和失业率具有很好的预测效果。值得一提的是，由欧盟统计局进行编撰并公布的欧元区经济景气指数中也包括欧元区服务业景气指数。此外，英国、瑞典、韩国等少数几个国家指定并发布本国的月度服务业生产指数。

（三）经济周期阶段识别与转折点测定

1. 测定经济周期转折点的 B - B 方法

经济景气分析的另一个重点是对经济变量或经济周期转折点的测

定与预测。1971年，Bry和Boschan提出一种测定月度时间序列转折点的非参数方法（B-B法），该方法的思想是对经过平滑后的经济序列进行转折点判断，再逐渐接近平滑之前序列的转折点。采用B-B法测定经济周期转折点准则为：①一个阶段持续期间（峰—谷或谷—峰）要大于6个月。②一个周期的持续期（峰—峰或谷—谷）的间隔在15个月以上。[①] Harding和Pagan（2002）基于B-B法提出了针对季度序列的转折点判别方法，即BBQ法。

2. 识别经济周期转折点的非线性方法及其扩展

Goldfeld等（1973）提出了马尔科夫区制转移（MS）模型，模型的非线性特征可以捕捉经济变量的动态变化。马尔科夫结构后来被Hamilton（1989）引入时间序列模型中，提出对马尔科夫模型求解的滤波方法，并用该模型对第二次世界大战之后美国国民生产总值的季度数据进行分析。随后，该模型由单变量扩展到多变量和多区制的马尔科夫区制转移向量自回归模型（MS-VAR），模型的适用范围得到进一步拓展（Kim和Nelson，1998；Layton和Smith，2007）。传统的马尔科夫区制转移模型将转移概率设定为不变的参数，这一点使得该模型的应用受到一定的限制。鉴于此，Filardo（1994）和Durland（1994）等提出时变转换概率的马尔科夫区制转移模型（MS-TVTP）。一些国外学者将时变转换概率的马尔科夫区制转移模型应用于经济周期波动的研究中，详细分析了经济周期波动的动态转换和持续依赖性等特征（Simpson等，2001；Layton等，2007；Castillo等，2012）。在众多关于经济周期或金融变量的非对称性特征研究中，马尔科夫模型发挥了重要作用。

---

① B-B转折点判别方法的详细介绍可参见高铁梅、陈磊等《经济周期波动分析与预测方法》，清华大学出版社2015年版，第103—106页。

Kim（1999）在设定模型时考虑到经济变量平均增速存在结构性变化，为反映增加样本后平均增长率改变的情况，他在模型中引入虚拟变量来改进 Hamilton（1989）的模型，这种处理使得模型中参数的估计结果更加合理，从而对经济所处阶段进行更准确的解释，研究结果表明这种方法在识别经济周期阶段性特征时表现优异。Kim（2005）又在马尔科夫模型引入多种类型的反弹效应来描述不同衰退阶段之后的经济增长情况，并分析各衰退阶段对经济增长水平的长期作用。Bec 等（2014，2015）对 Kim（2005）的设定进一步改进，同样基于马尔科夫模型，但对反弹效应形式的设定更加灵活，并对不同收缩阶段的反弹效应类型进行更合理的设定。

在非线性计量模型方面，能够提供机制转换动态结构特征的平滑转换回归（STR）模型（Bacon 和 Watts，1971）也受到广泛关注，由于 STR 模型的估计异常复杂，直至 Luukkonen、Saikkonen 和 Terasvirta（1998）提出了将转换函数三阶泰勒展开的处理方法后，该模型估计过程才有所简化并得到广泛应用，为研究经济波动的非对称性和持续性提供了新的分析工具（Dijk 等，1999；Terasvirta 等，2005）。此外，还有人工神经网络（ANN）模型（Fine，1999）和门限回归模型（TRM）等，但在经济周期波动测定方面应用较少。

由于 Hamliton 提出的马尔科夫转移模型及估计方法仅仅针对单一指标进行周期测定，无法反映诸多经济变量之间的协同变化，不少学者对此方法进行了扩展和改进，将马尔科夫区制转移模型与动态因子模型结合，如前文提到的"两步法"（Diebold 和 Rudebusch，1996）和"一步法"（Kim 和 Nelson，1998）。

此外，混频数据也被不少学者应用到经济周期阶段划分研究中，如 Camacho 等（2010）探讨了经济周期实时测度时充分利用数据信息的重要性，并基于含有马尔科夫区制转移结构混频动态因子进行经济周期阶段的识别和测定。Kholodilin（2003）基于混频动态因子模型，首次在截距项和方差结构中同时引入区制转移过程，并且通过对转移概率矩阵施加约束条件，对美国的"大稳健"时点进行了识别。Camacho（2013）提出了混频马尔科夫向量自回归模型（MFMS-VAR），即构建了包含季度和月度混频数据的马尔科夫向量自回归模型（MS-VAR）来测度美国经济周期。

二 国内研究历程及研究现状

（一）服务业与经济增长

国内学者李江帆（1981，1984）注意到研究服务业发展的重要性，他从马克思主义经济学的角度论述了服务消费品的使用价值和价值，并指出了服务消费品发展的必然趋势以及服务消费品的生产趋势对促进我国服务业发展的意义。他在1990年出版的《第三产业经济学》一书中系统归纳了20世纪80年代之前中国对于服务业理论的一些分散研究，成为中国服务业理论研究的重要里程碑。

1. 我国服务业的发展和影响因素

产业的发展和产业结构升级与经济增长是互相促进、相辅相成的，随着服务业的发展和我国对服务业的日渐重视，研究服务业内部的发展规律及其和经济增长的关系对于把握我国经济和第三产业发展方向具有重要的意义。李江帆（1989，2004）选取92个样本国家，通过建立第三产业就业和产值对人均GDP的回归模型深入分析变量之间的联系和规律，认为服务业增加值或产值占比和就业人数占比会随着人均GDP的提升而增加，并对服务业发展方向和战略地位进行了初步的探讨。江小涓和李辉（2005）通过对国际和国内省际数据进行比较，分析人均收入对服务业增加值占比和就业人数占比增长的影响，认为当人均收入水平差距不大时，收入增长对服务业发展影响并不明显，但当人均收入水平大幅度变化时，服务业产值比重会明显上升。郭克莎（2000）通过对产出结构、就业结构和投资结构三方面进行国际比较，认为我国第三产业结构优化与其高效发展存在必然联系。促进我国第三产业结构优化，需加快发展通信、金融、教育、医疗等服务业，同时也需要加快市场化和城市化进程并发挥外商直接投资（FDI）对服务业的带动作用，来创造第三产业高效发展的健康环境。

2. 服务业与经济增长的关系

程大中（2010）通过一般均衡模型，系统地解释了服务业和经济增长的内在联系，验证了服务业发展能促进实际经济的增长，并用实证模型对理论模型进行了检验。罗时龙（2006）研究了服务业对经济增长的贡献和服务业促进经济增长的机制，并从国际比较的角度分析了服务业生产效率和内部特征，同时对服务业发展及其内部结构的影响因素进行实证研究。研究发现随着GDP的增长，分配性服务业与生产性服务业将同步增长，人均GDP和政府支出的上升会促进对社会性服务业的需求，城市化水平能够影响个人服务业的发展。李江帆等（2012）注意到地方政府对于推动辖区内服务业发展重视度不够，用理论模型分析了地方政府在现行治理体制激励下的产业偏好和策略选择，以及这种偏好和策略选择的差异对服务业增长的影响。结论认为由于服务业发展对扩大经济规模和促进人力资本积累有重要作用，后发地区的地方政府应对促进地方服务业发展予以高度重视。

众多文献表明，服务业发展与宏观经济增长休戚相关，但是服务业经济要比宏观经济稳定许多。罗光强等（2008）用滤波等方法测度了服务业发展与经济周期的协同性以及对经济周期的非对称效应，结论显示服务业经济增长和国民经济增长存在显著的协同性，但服务业波动要比整体经济波动更加平稳，这与 Layton 和 Moore（1989）的结论一致,服务业对经济周期的非对称效应也主要起到了平缓国民经济波动的作用。于丹(2007)通过对美国数据实证研究认为,美国服务业对国民经济确实发挥了经济"稳定器"的作用,因此我国可以此为借鉴,通过服务业的高比重来发挥其稳定经济的作用。石柱鲜等(2009)对比分析了我国经济周期与三大产业周期,发现在经济周期下降期,第三产业有助于抑制经济的进一步收缩,说明第三产业的壮大有利于经济的平稳波动。刘丹鹭(2011)建立服务业的经济周期模型来分析服务业的稳定性质,发现发展服务业有利于就业及产出的稳定,但服务业的产业和就业结构亟须优化。

(二) 中国经济景气监测方法的研究进程与研究现状

1. 我国经济周期波动的探索性研究

对我国经济周期波动的研究开始于 1985 年,乌家培等(1985)讨论了我国固定资产投资周期。随后,杜辉(1986)分析了我国经济周期波动的内在机制。卢建(1991)划分了我国 1953 年到 1985 年之间的景气周期。董文泉等(1987)基于我国月度宏观经济指标,采用 NBER 指数方法构建了我国宏观经济扩散指数及合成指数,郭庭选等(1989)也基于 NBER 指数方法对我国经济周期转折点进行识别。陈磊等(1993)筛选了我国经济先行指标和一致指标,采用主成分分析法构建我国经济先行指数和一致指数,并基于这两个指数分析了我国经济周期波动特征。20 世纪 90 年代后,我国的经济体制、经济发展模式和市场结构都发生了深刻变化,国内的许多学者对我国转轨时期的经济增长周期波动的机制和特点展开了深入的研究。如王少平(1999)对实际 GNP 的分析发现在转轨时期我国周期稳定性有所强化。陈磊(2002)分析了我国转轨时期增长周期的基本特征并解释了经济周期的主要形成机制。刘树成(2003)考察了 1998—2002 年我国经济出现的稳定、较快增长的新轨迹。

另外，也有一些国内学者将经济景气分析方法应用于行业景气分析中。代表性的研究有：高铁梅等（2003）构建了我国钢铁行业的景气指数来监测钢铁产业的发展态势；田青等（2009）开发了可以反映消费波动的景气指数；孔宪丽等（2009）研究了装备制造业的景气指数；刘畅等（2011）构建了电力行业的景气指数来监测电力行业周期波动；王小平和张玉霞（2012）利用合成指数方法构建了我国服务行业景气指数；陈磊等（2019）基于混频数据构建了我国服务业的景气指数；魏众等（2006）定义并测算了物流运输扩散指数和物流运输综合指数来反映物流运输的景气情况；陈乐一等（2008）用 NBER 方法编制了我国商品市场的一致和先行合成指数；还有一些学者用多种经济计量模型方法构建金融状况指数来反映我国金融市场的整体情况（栾惠德等，2015；刘金全等，2019）。

2. 基于 S-W 景气指数思想的景气波动分析及延伸

陈磊等（1994）、董文泉等（1995）是国内最早构建 S-W 景气指数并应用到我国宏观经济周期分析中的。此后，王金明等（2007）在选用一致指标构建 S-W 指数的基础上，进一步基于先行指标构建 S-W 型先行景气指数，但发现先行指数结果表现上不太稳定，而基于预测的 S-W 型先行景气指数预警性较好。韩艾等（2010）分析中国的货币、信贷、利率等周期并基于此构建我国金融周期景气指数；赵琳等（2011）分别使用 NBER 指数方法、S-W 指数方法和广义动态因子模型方法构建我国出口周期景气指数并对以上三种指数进行对比，结果发现广义动态因子模型的结果更优。

在混频动态因子模型的应用研究中，郑挺国和王霞（2011）采用 Mariano 和 Murasawa（2003）提出的混频动态因子模型构建了我国经济的月度景气指数，使得景气指数具有更加确切的经济意义，并以此估计了我国月度 GDP 增长率。随后，郑挺国等（2013）利用混频数据区制转移动态因子模型构建了我国经济景气指数并捕捉我国经济周期的阶段性变化，同时将该模型应用到中国宏观经济周期的实时预报和短期预测中。叶光（2015）在建模时允许各指标对相同的外生冲击有不同的响应路径，对 Mariano 和 Murasawa（2003）的混频动态因子模型进行扩展来构建景气指数，在此基础上构造中国宏观经济景气指数来分析我国宏观经济波动特征。另外，李正辉和郑玉航（2015）利用马尔科夫区制转移混频数据抽样模型（MS–MIDAS）监测我国经济周期区制的变动情况，发现中国经济周期波动呈现三区制的阶段性变化，且不同区制的持续时间存在非对称性。陈磊等（2018）从经济增速和波动强度考察了经济新常态下我国经济周期的阶段性特征，并基于转移概率的非对称性推断经济运行将继续保持微波化运行态势。

3. 基于谱分析方法的我国经济增长周期研究

谱分析方法可以从频域角度反映序列周期波动特征的全部信息，它的基本思想是把时间序列看作互不相关的不同频率分量的叠加，利用傅氏变换等手段将各频率分量加以分解，通过谱密度函数来衡量各分量的相对重要性以找出序列中存在的主要频率分量，从而确定经济周期波动的主要特征（陈磊，2001）。

王小波等（1994）对经济周期循环分解方法的运用进行系统的表述。陈磊（2001）基于谱分析理论，采用互谱分析方法对我国消费、投资、外贸和物价等主要月度宏观经济指标的周期波动和相关性进行分析，发现各经济指标的波动在时间上差异较大，说明引起周期波动的内外因素产生作用的时间是各不相同的，这源于周期波动在经济变量间的传导机制的差异。陈磊（2002）对年度层面的国内生产总值、全社会固定资产投资和居民消费三个重要经济指标进行趋势分解和周期特征考察，并采用二阶加速数（SOA）模型，讨论了我国投资波动的内在形成机制。高铁梅等（2009）选取多个反映国民经济波动的宏观经济景气指标，基于卡尔曼滤波方法构建中国经济景气指数和物价景气指数并比较了H-P滤波和B-P滤波计算景气指标循环要素的结果，认为B-P滤波方法更适合作为分解趋势循环要素的方法。

4. 服务业及其细分行业的景气监测

由于统计部门公布的服务业数据的种类、数量和频率等方面的限制，我国对服务业景气指数的研究并不多见。王小平和张玉霞（2012）用合成指数方法编制了我国服务业的年度先行、一致和滞后合成指数。对于服务业内部细分行业，包括交通运输和物流、房地产、金融和批发零售等景气分析相对较多。魏众等（2006）定义并测算了物流运输扩散指数和物流运输综合指数来反映物流运输的景气情况；陈乐一等（2008）用NBER方法编制了我国商品市场的一致和先行合成指数；梁云芳等（2008）基于主成分分析法提取了我国房地产投资指数；还有一些学者用多种经济计量模型方法构建金融状况指数来反映我国金融市场的整体情况，如栾惠德和侯晓霞（2015），刘金全等（2019）。近年来，服务业在宏观经济中的地位日益重要，2017年3月起，国家统计局开始编制并发布中国月度服务业生产指数。

（三）中国经济周期阶段识别与转折点测定

1. 基于非参数B-B方法测定中国经济周期转折点

国内对中国经济周期阶段判别的研究中，多数都基于B-B这种非参数方法。陈磊（2001）在计算综合反映经济运行状况的景气指数基础上，利用B-B方法确定了我国景气循环的转折点和基准日期。王金明和刘旭阳（2016）同样利用B-B法获得我国经济周期波动的转折点识别结果，并将2000年1月至2014年12月共分为四轮景气周期。但陈磊等（2007）认为B-B法的转折点判别条件更接近经济波动的含义，经济周期的标准应该更严格。他们基于更接近经济短周期意义上的判别标准对我国1996年1月至2007年3月的经济景气转折点进行判定。

2. 基于参数模型测定中国经济周期转折点

在基于参数模型对中国周期阶段进行测定的研究中，主要以马尔科夫模型及其扩展模型为主。郭明星等（2005）和刘金全等（2006）采用具有马尔科夫区制转移的向量误差修正模型（MS-VECM）分别刻画了国内产出与货币和价格之间的长期均衡关系和短期波动模式，证明我国经济周期波动存在非对称性。石柱鲜等（2007）使用多变量动态马尔科夫转移因子模型，选取两组经济一致指标对我国经济周期波动进行研究并测定转折点，研究结果表明，该模型对不同一致指标组的分析结果是一致的，且根据模型构造出的景气指数与一致合成指数的结果也很相似。王建军（2007）根据我国经济增长实际情况和经济周期理论，通过引入虚拟变量来反映我国经济增长阶段的改变，对传统的马尔科夫区制转移模型进行修正，研究发现修正后的模型可以很好地拟合改革开放前后我国实际产出增长的周期性变化。陈浪南等（2007）基于中国 GDP 季度数据，采用贝叶斯 Gibbs 抽样和三区制马尔科夫均值和方差转移的二阶自回归模型分析了我国经济周期波动的非对称性和持续性，发现该模型对我国经济状况具有很好的拟合度。郭庆旺等（2007）同样采用 Gibbs 抽样方法对描述我国经济周期的多变量动态马尔科夫转移因子模型进行了估计，并识别了经济周期的转折点，进一步分析了我国经济周期的长期短期运行特点。张同斌等（2015）采用三区制时变概率的马尔科夫区制转移模型研究中国经济增长周期波动的阶段运行特征并详细考察经济在不同阶段之间发生转移的内在驱动机制，结果发现实际利率和产出缺口对经济周期波动的影响在不同区制间具有明显的非对称性。

另外，高铁梅等（2009）通过构建景气指数对我国景气状况进行分析并利用 Probit 模型和先行指标对经济周期波动的转折点进行预测。

陈磊等（2010）采用 STR 方法测度了 1999 年以来我国的经济景气和物价的非线性变动特征。刘金全和范剑青（2001）采用 H-P 滤波的趋势分解方法，对我国主要宏观变量的时间序列周期成分进行非对称检验并分析非对称性产生的原因。

三　研究现状述评

（1）经济结构的理论和研究普遍认为，随着经济增长，服务业会成为产业主体。关于服务业与经济增长的关系，国内外学者通过理论和实证研究已经证实：随着经济发展与结构优化，服务业必将超过农业和工业成为国民经济支柱产业，并成为拉动经济增长的重要力量，这也是我国当前经济新常态的特点之一；服务业比宏观经济和其他产业的波动都要更加平缓，因此服务业的发展有熨平经济周期波动的作用。随着以供给侧结构性改革为主线的产业结构转型升级，中国服务业如今作为占经济总量比重最大、增速最快的产业，已成为我国经济发展的主动力。同时，经济结构发生全面深刻的转折性变化并且不断优化升级，经济由工业主导转向由服务业主导，服务业是中国下一步增长潜力最大、新增长点最多的领域。

（2）对经济周期或服务业周期的研究主要集中在景气指数的构建、周期阶段划分及转折点测定。作为服务业周期研究方法的基础，国内外经济周期景气监测和经济周期波动相关研究成果已比较丰富，针对这类研究的文献内容主要集中于景气指数的构建、经济周期阶段划分及转折点测定。构建景气指数的研究进程始于以哈佛指数为代表的"晴雨表"时期，在哈佛指数失败后，美国国家经济研究局在经济统计学家穆尔（G. H. Moore）的主持下开发的扩散指数的方法和美国商务部的首席经济统计学家希斯金（J. Shiskin）主持开发的合成指数成为之后相当长一段时间经济周期研究工作者的有力工具。随着 S‐W 景气指数思想的提出，多种动态因子模型及其扩展模型相继出现，如含有马尔科夫区制的动态因子模型、混频动态因子模型以及马尔科夫混频动态因子模型等。近年来，上述方法在国内外一直被广泛应用在经济景气指数的构建上。

（3）以往仅针对同频数据的景气监测方法需要改进，且缺乏对服务业波动阶段的研究。在对服务业整体进行景气监测研究中，国内外的研究成果并不多见。除了对服务业内部个别行业如金融业、房地产业等周期监测的研究外，研究中国服务业周期的文献更是少之又少。近年来仅王小平和张玉霞（2012）用合成指数方法编制了我国服务业的年度先行、一致和滞后合成指数，而因其指数频率为年度，其时效性和政策参考性都很弱。因此，有必要开发更高频率的月度景气指数以便对服务业整体走势进行及时监测和分析。此外，关于服务业细分行业的周期监测研究中，多数景气指数频率为月度，碍于数据频率不一致，还没有学者将行业增加值这一综合反映行业运行的指标纳入到一致指标组中。与国内生产总值一样，各行业的增加值无疑是对本行业运行情况最综合最全面的反映，而采用其他指标代替增加值作为筛选一致指标的基准，忽略增加值对景气周期的影响会对削弱景气指数包含信息的完整性和景气指数结果的可信度。因此，服务业景气监测应采用混频数据以兼顾增加值对景气分析的重要性和景气监测的及时性。

此外，国内对经济周期阶段划分的研究文献中，普遍只关注经济增长层面，即基于经济增速来对周期进行划分，对服务业周期的相关研究较少。而现阶段在经济新常态背景下，服务业的增速和波动与以往相比都有了明显差异，周期波动更加趋于稳定。因此，本书基于服务业增速和周期波动的双重视角对我国服务业周期运行特征进行更加深入和立体的分析,通过分析我国服务业周期不同阶段间的转移特性,讨论在经济新常态背景下,我国服务业可能呈现的周期形态。

第三节 研究思路、研究方法与结构安排

一 研究思路

为全面及时地对服务业景气情况进行监测,综合考虑到服务业增加值的重要性,本书采用混频数据,利用季度服务业增加值和其他从不同角度、不同程度反映服务业景气情况的月度指标来构建服务业景气指数,以此监测服务业整体的运行情况,并探讨21世纪以来服务业共经历了几轮周期,每轮周期具有什么样的周期特征。

由于服务业周期波动与经济周期相比较为平稳,且在当前经济新常态的背景下进一步显示出更加平稳的"微波化"波动特征,所以本书还将从服务业增速和周期波动双重视角来综合考察我国服务业周期特征并对服务业周期阶段进行划分,进而以新的角度来进一步描述服务业的周期阶段特征。

服务业共有15个细分行业,涵盖的行业范围非常广泛,是包含分类行业最多的产业,各行业在属性、功能以及和经济增长的关系等方面千差万别,具有明显的异质性。对服务业进行分类的标准很多,其中,《中华人民共和国国民经济和社会发展第十二个五年规划纲要》将服务业分为生产性服务业和生活性服务业或消费性服务业两大类别。在生产性服务业中,金融业和交通运输业的增加值占比更高,重要性更强;生活性服务业中,批发零售业和房地产业占据主要地位。批发零售业作为服务业中占比最高的一个行业,反映国内贸易的运行情况,金融业、房地产业和交通运输业,更是与人民生活息息相关,且部分

行业已经迈入世界前列。2018年全国电子商务交易额达31.63万亿元，比上年增长8.5%；全国网上零售额90065亿元，比上年增长23.9%；金融业人民币国际化步伐加快，不仅跻身储备货币，而且开始成为石油贸易的计价货币；2018年，我国高速铁路里程、高速公路里程、快递业务规模等已远超其他国家，稳居世界第一（陆娅楠，2018）。此外，房地产业作为连接建筑业和服务业的重要部门，对宏观经济及服务业的作用不容小觑，曾在过去多个时期对宏观经济产生了不同程度的影响，被部分学者认为是经济发展的主导行业。因此，为对服务业进行多角度多层次的景气监测，以做到整体和部分并行，本书在生产性服务业中选取了金融业和交通运输业，在生活性服务业中选取了批发零售业和房地产业，对这四个重点行业分别构建景气指数，同样通过引入季度行业增加值等混频数据，对现有普遍采用同频数据来构建行业景气指数的做法进行更新，从而得到更全面的指数结果。

服务业内部的行业异质性较强，即便是本书选取这四个在服务业占据较高份额的重点行业，其各自的周期运行情况对服务业周期波动的影响也不可避免地会随着时间推移而发生作用程度甚至方向上的改变。因此，本书基于服务业以及批发零售业、金融业、房地产业、交通运输业四个重点细分行业的景气指数进一步分析各行业的周期波动对服务业整体的时变影响。

二　研究方法

（一）经典经济景气分析方法

本书借鉴国内外传统和前沿的多种计量经济方法，在筛选各行业一致指标时采用时差相关分析、K-L信息量等景气分析方法并结合指标的经济意义共同对备选指标进行筛选。在对服务业及四个重点行业的景气指数采用 B-B 非参数方法进行转折点判别后，基于周期判定结果计算波动特征指标并结合历史事件分析周期波动的原因和经济背景。上述经典的指标筛选和转折点判别方法在经济景气监测中应用广泛，是服务业周期监测和波动特征分析的基础。

（二）混频动态因子模型

除了传统的景气分析方法，本书借鉴国内外前沿的计量经济模型对服务业总体以及批发零售业、交通运输业、房地产业和金融业这四个服务业重点子行业进行周期监测。由于受到数据频率和估计方法的限制，现有对行业周期的研究普遍舍弃行业增加值等重要的低频一致指标。因此，本书采用混频动态因子模型（MF-DFM），综合利用季度与月度指标编制相应的景气指数，兼顾时效性与综合性，构建服务业多维景气监测系统来分析服务业及四个服务业子行业的景气状况。

（三）四区制马尔科夫混频动态因子模型

本书在混频动态因子模型中同时引入变截距和变方差的四区制马尔科夫结构进一步分析服务业景气指数的截距及方差波动的演变轨迹。通过景气指数在不同区制状态下的滤波概率来刻画服务业增长和波动在不同时期的阶段性特征。这类方法在服务业周期研究的应用中尚属空白，且多数对经济周期的阶段划分或非对称性研究也仅基于增长速度层面将景气周期划分为扩张和收缩两个阶段。因此，本书采用四区制马尔科夫混频动态因子模型，同时考察经济新常态背景下服务业增速换挡和波动特征改变的区制转移特征。

（四）带有随机波动的时变参数向量自回归模型

由于服务业内部各行业的增加值占比、对服务业总体影响程度和方向并不是稳定不变的，行业自身的特点、重大经济事件和政府的调控都会对其产生影响。以往相似研究多数是基于服务业各行业的增加值占比的统计分析，很少涉及行业周期与服务业总体周期之间的关系，且多数研究都没有考虑到数据之间的非线性关系，在指标选择上更缺乏综合性与时效性。因此本书在构建服务业多维景气指数系统后，采用带有随机波动的时变参数向量自回归模型（TVP – SV – VAR）进一步分析服务业四个重点行业对服务业整体的作用效果的动态特征，并通过时变脉冲响应分析来衡量来自四个重点行业的冲击对服务业的影响机制。

三　结构安排

结合上述研究思路及目标，本书的实证部分将针对以下四个部分展开研究：第一部分采用混频动态因子模型构建服务业景气指数并对服务业进行周期监测与波动特征分析；第二部分采用四区制马尔科夫混频动态因子模型从我国服务业增速和周期波动的双重视角研究服务业的区制转移和非对称特征；第三部分为包含了金融业、交通运输业、批发零售业和房地产业的多维景气指数系统的构建，从生产性服务业和生活性服务业两个层面对四大重点行业构建混频景气指数并分析周期波动特征；第四部分研究四个重点行业对服务业影响的动态关系，分析各行业对服务业产生的冲击效果和响应路径；本书结构安排如图1 – 1所示。

第一章是绪论。介绍了本书的研究背景和研究意义；分别从服务业与经济增长的关系、经济景气指数构建方法和周期阶段划分三个部分对国内外的相关研究进程和研究现状进行梳理，并进行简单评述；具体阐述了本书的研究思路、研究方法以及结构安排；列举了本书的创新点。

第二章为服务业景气指数构建与周期波动特征分析。介绍提取服务业景气指数的混频动态因子模型形式与估计方法；描述服务业一致

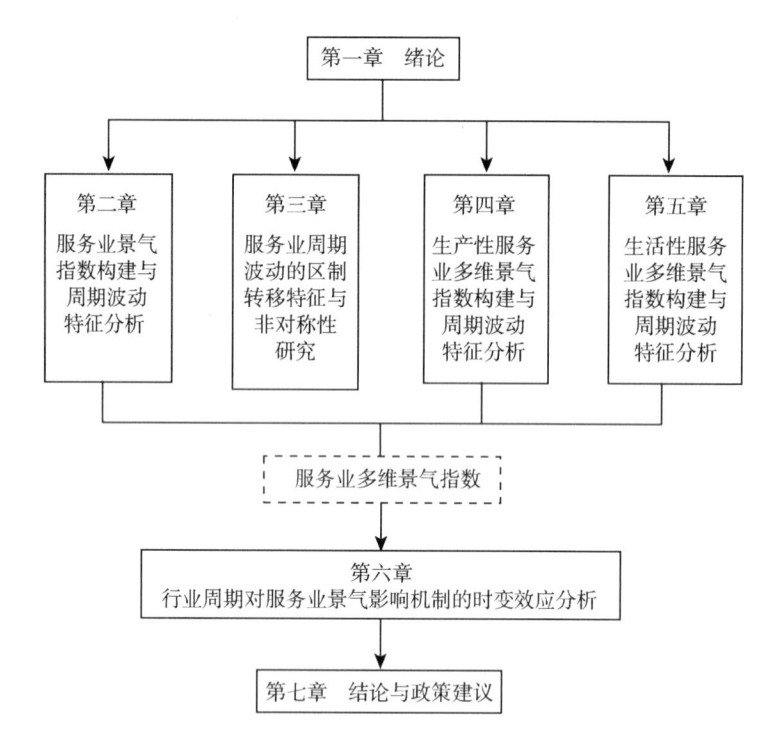

```
              ┌─────────────────┐
              │ 第一章  绪论    │
              └────────┬────────┘
        ┌──────────┬───┴────┬──────────┐
        ▼          ▼        ▼          ▼
   ┌────────┐ ┌────────┐ ┌────────┐ ┌────────┐
   │ 第二章 │ │ 第三章 │ │ 第四章 │ │ 第五章 │
   │服务业景│ │服务业周│ │生产性服│ │生活性服│
   │气指数构│ │期波动的│ │务业多维│ │务业多维│
   │建与周期│ │区制转移│ │景气指数│ │景气指数│
   │波动特征│ │特征与非│ │构建与周│ │构建与周│
   │  分析  │ │对称性研│ │期波动特│ │期波动特│
   │        │ │   究   │ │征分析  │ │征分析  │
   └────────┘ └────────┘ └────────┘ └────────┘
        └──────────┴────┬───┴──────────┘
                        ▼
              ┌┄┄┄┄┄┄┄┄┄┄┄┄┄┄┄┐
              ┆服务业多维景气指数┆
              └┄┄┄┄┄┄┄┄┄┄┄┄┄┄┄┘
                        │
                        ▼
    ┌─────────────────────────────────────┐
    │            第六章                   │
    │行业周期对服务业景气影响机制的时变效应分析│
    └─────────────────┬───────────────────┘
                      ▼
          ┌───────────────────────┐
          │ 第七章  结论与政策建议│
          └───────────────────────┘
```

图1-1 本书结构安排

指标的选取以及数据处理，采用景气分析方法从170多个经济指标中筛选出6个服务业一致指标构建服务业景气指数；基于经济周期判别准则并结合服务业景气指数具体情况，提出针对服务业的周期判别准则来对服务业进行周期划分，同时计算了服务业周期特征指标对服务业周期进行波动特征分析，结合历史经济事件解释服务业周期波动的原因，对比了服务业景气指数与宏观经济景气指数的波动特征。

第三章为服务业周期波动的区制转移特征与非对称性研究，介绍本章研究内容和研究方法的研究现状及本章所采用的四区制马尔科夫混频动态因子模型的设定和模型估计。在混频动态因子模型中同时引入变截距和变方差的四区制马尔科夫结构，由此来详细分析服务业景气指数的截距及方差波动的演变轨迹，通过景气指数在不同区制状态下的滤波概率分析服务业周期阶段性特征，从服务业增速高低和服务业周期波动强弱的双重视角对我国服务业周期运行特征进行更加深入和立体的分析。同时结合截距、方差的联合转移概率矩阵，分析我国服务业周期不同阶段间的转移特性，并试图通过联合转移概率矩阵来探究在经济新常态背景下，我国服务业可能呈现的周期形态。

第四章为生产性服务业多维景气指数构建与周期波动特征分析。对生产性服务业中的两个重点行业，即金融业和交通运输业构建多维景气指数并分析周期波动特征，使用景气分析法从130多个金融相关指标中筛选出6个金融业一致指标，结合经济周期判别准则对金融业周期进行判定并计算金融周期波动特征指标，另外结合历史经济事件对金融业周期波动的原因进行探究并对比金融业景气指数与宏观经济景气指数的特征和先行性；使用景气分析法在90多个交通运输业相关指标中筛选出6个交通运输业一致指标，对交通运输业进行周期划分并基于周期划分结果计算各周期的波动特征指标，结合时间上的经济背景对交通运输业周期波动进行历史考察；对比生产性服务业两组景气指数与服务业景气指数的时差相关关系和转折点一致性。

第五章为生活性服务业多维景气指数构建与周期波动特征分析。对生活性服务业中的两个重要行业批发零售业和房地产业构建多维景气指数并分析周期波动特征。使用景气分析法从80多个批发零售业相关指标中筛选出5个批发零售业一致指标构建批发零售业景气指数，并对批发零售业进行周期划分与波动特征分析；利用景气分析法从200多个房地产业及上下游行业相关指标中筛选出6个房地产业一致指标构建景气指数，基于本书提出的房地产业周期划分标准对房地产业进行周期阶段划分，同时计算了房地产业周期特征指标，总结房地产业样本期内的周期特征演变规律，随后结合经济事件背景对房地产业周期波动进行历史考察，并将本书构建的房地产业景气指数与国房景气指数进行对比；对比了生活性服务业两组景气指数与服务业景气指数的时差相关关系和转折点一致性。

第六章为行业周期对服务业景气影响机制的时变效应分析。介绍本章实证所采用带有随机波动的时变向量自回归模型的发展脉络及研究现状；介绍如何从一个标准的结构向量自回归模型拓展为带有随机波动的时变参数向量自回归模型，以及利用贝叶斯估计方法中的马尔科夫链蒙特卡洛（MCMC）模拟算法估计 TVP－SV－VAR 模型的步骤和基本思想；对四个服务业重点行业景气指数与服务业景气指数建立时变参数向量自回归模型，结合服务业和重点行业的景气指数走势，针对高波动和低波动时期各选取三个典型时点，基于时点脉冲响应函数衡量来自四个重点行业的冲击在高波动时点和低波动时点对服务业产生的作用效果和响应机制，并进一步总结了生产性服务业和生活性服务业的代表行业对整体作用机制的规律和差异，同时使用等间隔脉冲响应函数分别分析了四个重点行业对服务业的冲击在短期、中期和长期的影响机制。

第七章为结论与政策建议。

第四节　研究创新

在学习并借鉴了国内外相关研究领域研究成果和动态的基础上，本书对服务业周期进行比较完整的景气监测与波动分析研究，相较于国内已有的研究成果，本书主要创新点如下：

第一，目前我国已有针对服务业一些细分行业构建景气指数的研究，但还没有对服务业整体构建的月度景气指数，因此本书从国内实际出发，构建了我国月度服务业景气指数，以完善我国宏观经济监测体系。此外，本书基于《中华人民共和国国民经济和社会发展第十二个五年规划纲要》对中国服务业的分类，从生产性服务业和生活性服务业两个层面共选取四个重点行业构建了服务业多维景气指数，对服务业进行整体和部分的多维监测，同时对生产性和生活性两类服务业进行周期特征的总结和对比。

第二，本书采用四区制马尔科夫混频动态因子模型来对服务业增长和波动的区制转移特征和非对称性进行深入分析。相比国内以往多数研究仅考虑"一阶矩"对周期阶段进行划分的做法，本书在混频动态因子模型中同时引入了变截距和变方差的马尔科夫结构，同时考虑"一阶矩"和"二阶矩"，因此可以详细分析服务业景气指数的截距及方差波动的演变轨迹，通过分析服务业景气指数在四个区制状态下周期阶段性特征，深入考察我国服务业周期的波动特征。

第三，在服务业及其细分行业月度景气指数研究中，未见利用行业增加值作为基准指标来构建行业月度景气指数的研究，多数学者采用其他月度指标代替，但是这种做法忽略行业增加值包含的信息，会降低景气指数包含信息的综合性和完整性。还有学者以季度增加值为基准指标直接构建季度甚至年度的低频景气指数，这类指数大大降低了景气分析的时效性和政策参考性。本书通过混频动态因子方法，将季度行业增加值与其他月度指标纳入混频动态因子模型中构建月度景气指数，不仅避免了选用其他指标代替行业增加值作为基准指标而无法综合并准确反映行业运行情况造成的结果误差，而且保证了景气指数的时效性。

第四，本书在构建服务业及其重点行业的景气指数基础上，从服务业内部入手，基于时变动态角度分析服务业景气波动对来自内部四个重点行业冲击的响应路径并分析内在原因，这对于深入理解服务业运行和政府的政策制定都有较大帮助，而现有文献关注这一问题的非常少见。

第二章 服务业景气指数构建与周期波动特征分析

第一节 引言

当前，服务业增加值占世界GDP的比重已经超过60%，美国等发达国家的这一比重在80%以上，且发达国家服务业就业人数占比已经超过了70%[①]，服务业成为发达国家经济发展的主导。2012年，我国第三产业增加值首次超过第二产业而成为国民经济的最大产业，占GDP比重达到45.5%。2013年以来，中国经济进入了以减速换挡、结构调整和动力转换为特征的新常态阶段，第二产业对经济增长的贡献逐渐下降，第三产业的贡献不断上升。2015年第三产业增加值占比达到50.5%，超过《中华人民共和国国民经济和社会发展第十二个五年规划纲要》提出的"2015年服务业增加值比重达到47%"的目标3.5个百分点。2018年服务业占比高达52.2%[②]，我国经济正在由"工业型"经济向"服务型"经济转变，第三产业逐步成为产业主体。

国内外大量研究表明，服务业发展的波动较为平缓。随着服务业

---

① 联合国统计司，http://unstats.un.org/home/.
② 中华人民共和国国家统计局网站，http://www.stcots.gov.cn/.

在宏观经济中的比重逐渐增加，其对经济结构调整的"稳定器"作用将日渐凸显，而经济周期波动也将逐渐变得更加温和。Moore（1987）通过对美国服务业周期的研究认为，1980年以后，服务业发展对就业的促进使得经济周期的衰退阶段相比1980年之前持续时间更短，程度更弱。Layton和Moore（1989）认为能解释服务业周期较宏观经济周期的衰退程度弱的原因主要有两个方面：一方面，非制造业劳动力市场相比制造业劳动力市场日渐重要；另一方面，服务业生产和消费的同时性，或者说服务产品具有"非储存性"特点，因而不产生存货。于丹（2007）通过对美国数据的实证研究认为，美国服务业对国民经济确实发挥了经济稳定器的作用。尽管目前我国服务业比重与美国相比差距较大，但随着中国第三产业的发展并日渐占据产业主体地位，服务业对我国经济的稳定器作用将不断增强。实际上，近年来我国经济增长已经呈现出以往所没有的平稳运行态势。

因此，在经济新常态背景下对服务业的景气监测具有重要的现实意义，一方面，有助于及时、准确地反映服务业的景气状况和发展态势；另一方面，中国正处于服务业和工业并行发展的阶段，由于现有宏观经济景气监测研究框架下普遍采用工业增加值作为基准指标，所以对服务业的景气监测可以使我国宏观经济监测框架更加完善，令政府对宏观经济运行状况的把握更加全面和深入。

国外研究中，对服务业景气指数的研究始于Layton和Moore（1989）用合成指数方法构建的美国服务业一致指数和先行指数。此后服务业景气指数方面的文献寥寥无几，近年来仅见于Sinha等（2012）构建了印度的月度服务业指数来测定服务业增加值的走势，期望有助于当局制定货币政策。

受统计部门公布的服务业数据的种类、数量和公布频率等方面的限制，我国对服务业景气指数的研究同样不多见。王小平和张玉霞

(2012)用合成指数方法编制了我国服务业年度的先行、一致和滞后合成指数。其他服务业相关研究如陈越（2017）采用问卷调查方法构建了基于南京中小企业的软件与信息技术服务业景气指数，并基于该指数分析了企业面临的问题。肖磊等（2018）从发展基础、经济贡献和成长能力三个方面筛选服务业发展评价指标，基于熵权法确定各指标的权重，构建了30个省份的年度服务业发展指数。而对于服务业内部细分行业，包括交通运输和物流、房地产、金融和批发零售等景气分析相对较多。由于当前对于我国整体服务业景气情况比较完整的研究仅见于王小平和张玉霞（2012），但因其编制指数所采用的是年度数据，时效性和政策参考性较差。因此，有必要开发更高频率的月度景气指数，以便对服务业整体走势进行及时监测和分析，这也是本书的主要研究目标。

第二节 提取服务业景气指数的混频动态因子方法

Harding和Pagan（2005）指出经济周期特征研究面临的首要问题是确定宏观经济序列研究的对象，也就是选择一个刻画经济周期波动的基础指标。目前，中国服务业数据的公布尚不够完善；一些服务业相关指标（如服务业营业收入）只有年度数据且时间跨度较短；部分月度服务业指标（如服务外包的金额和签订合同数）公布时间较晚，并且指标统计不够完整。现阶段公布的时间跨度在10年以上的服务业相关指标中，服务业增加值无疑是反映服务业整体走势的最佳指标，也是服务业景气情况最具代表性的指标，但这一指标只公布季度数据且数据发布具有时滞性。鉴于此，本书采用混频数据，即采用服务业增加值和其他服务业相关的月度指标来构建我国服务业的月度景气指数，充分利用及时公布的月度指标数据和季度服务业增加值所包含的信息，以提高服务业景气情况监测的精确性和时效性。因此，如何将服务业季度增加值与其他月度指标结合起来构建服务业月度景气指数是本书关注的重点。

一般在处理不同频率的数据时，普遍采用的办法是加总（将高频数据转化为低频数据）或者插值（将低频数据转化为高频数据）。但是，加总会损失一些原样本数据的信息，熨平高频数据的内在波动，并削弱模型结论的时效性，而用插值法生成的高频数据与原始不可观测的高频数据之间也存在误差。因此，本书采用混频动态因子方法来提取我国服务业景气指数。

关于混频动态因子模型的早期研究可以追溯到 Mariano 和 Murusawa（2003）基于 Stock 和 Watson（1988）提出的动态因子模型，同时利用月度指标与季度指标间的加总关系，将月度一致指标和季度 GDP 同时纳入动态因子模型，构建月度景气指数对美国经济周期进行监测。Mariano 和 Murasawa（2003）认为将季度 GDP 引入动态因子模型有两点好处：首先，通过加入 GDP 包含的信息可提高模型的功效。其次，可将共同因子理解为潜在月度实际 GDP 的增长率。该方法一方面基于动态因子模型，假设经济景气指数是一个影响模型内各景气指标的不可观测共同因子，通过将动态因子模型表示为状态空间形式，可采用 Kalman 滤波、Hamilton 滤波和 Kim 近似的极大似然估计（MLE）方法得到参数估计值，进而计算出景气指数；另一方面，这种混频动态因子方法可以处理缺失数据和非对称样本问题。Banbura 和 Modugno（2014）通过数值模拟也验证了该算法在处理碎尾数据时的可靠性。近年来，部分国内学者也开始对此进行尝试，如郑挺国和王霞（2011）、刘汉和刘金全（2011）、叶光（2015）、高华川等（2016）利用混频动态因子模型对我国的经济景气及经济周期波动特征进行研究。此外，还有郑挺国等（2013）、陈磊等（2018）考察马尔科夫区制转移混频动态因子模型在我国经济转折点识别上的适用性，并将该模型应用于我国经济周期的测度。

一　混频动态因子模型的构建

这里我们假设在 N 个经济指标序列中，有 N_1 个可观测到的季度指标，这些季度指标每隔三个月可以获得一个观测值，将这些序列记为 $\{Y_{1,t}\}$（$t=1,2,\cdots,T$），这里 t 表示月度，则对于服务业增加值有如下关系式：

$$Y_{1,t} = \begin{cases} 服务业季度增加值 & t=3k,\ k=1,2,\cdots,int\left[\dfrac{T}{3}\right] \\ 其他 & \end{cases}$$

(2-1)

其中，int 表示取整运算，NA 表示缺失值。其他的月度指标个数 $N_2 = N - N_1$，记为 $\{Y_{2,t}\}$（$t=1,2,\cdots,T$），对这些指标取对数并假定取对数后的指标为 I(1) 序列，这意味着这些变量的增长率序列是 I(0) 序列。

由于流量指标的月度数据进行季度加总可得到相应的季度数据。因此，令 $\{Y_{1,t}^m\}$ 表示不可观测的服务业潜在月度实际增加值序列，则季度指标序列 $\{Y_{1,t}\}$ 与其相应的潜在月度指标序列 $\{Y_{1,t}^m\}$ 之间满足如下关系：

$$Y_{1,t} = Y_{1,t}^m + Y_{1,t-1}^m + Y_{1,t-2}^m = 3*\frac{1}{3}(Y_{1,t}^m + Y_{1,t-1}^m + Y_{1,t-2}^m) \quad (2-2)$$

式（2-2）表示可观测季度指标是相应的潜在月度指标的算数平均值的 3 倍。

但是，基于这一数学关系计算不可观测月度增长率会使相应的状态空间形式出现非线性结构，令模型变得复杂而难以估计。且利用近似滤波来进行估计也会降低模型的估计精度（Camacho等，2010）。本书参考Mariano和Murasawa（2003）与郑挺国和王霞（2013）的处理方法，采用月度潜在指标的几何平均数代替式（2-2）中的算术平均数，可以将式（2-2）改写为如下形式：

$$Y_{1,t} = 3\left(Y_{1,t}^m Y_{1,t-1}^m Y_{1,t-2}^m\right)^{\frac{1}{3}} \qquad (2-3)$$

式（2-3）是一种近似相等的关系，如果$Y_{1,t}^m$、$Y_{1,t-1}^m$和$Y_{1,t-2}^m$之间相差不大，近似带来的误差可以忽略不计，而这在实际经济生活中是容易满足的。对式（2-3）两边取对数得到：

$$\ln Y_{1,t} = \ln 3 + \frac{1}{3}\left(\ln Y_{1,t}^m + \ln Y_{1,t-1}^m + \ln Y_{1,t-2}^m\right) \qquad (2-4)$$

由于我国大多数经济指标的数据均为同比增长率，且现有文献和国家统计局公布的经济景气指数均基于同比数据构建，我们对式（2-4）取年度12期差分，可得到：

$$\ln Y_{1,t} - \ln Y_{1,t-12} = \frac{1}{3}\left(\ln Y_{1,t}^m - \ln Y_{1,t-12}^m\right) +$$

$$\frac{1}{3}\left(\ln Y_{1,t-1}^m - \ln Y_{1,t-13}^m\right) + \frac{1}{3}\left(\ln Y_{1,t-2}^m - \ln Y_{1,t-14}^m\right) \qquad (2-5)$$

记$y_{1,t} = \ln Y_{1,t} - \ln Y_{1,t-12}$，$y_{1,t}^m = \ln Y_{1,t}^m - \ln Y_{1,t-12}^m$，$y_{1,t-1}^m = \ln Y_{1,t-1}^m - \ln Y_{1,t-13}^m$，$y_{1,t-2}^m = \ln Y_{1,t-2}^m - \ln Y_{1,t-14}^m$，则

$$y_{1,t} = \frac{1}{3}\left(y_{1,t}^m + y_{1,t-1}^m + y_{1,t-2}^m\right) \qquad (2-6)$$

这里$y_{1,t}$可看作$Y_{1,t}$的季度同比增长率，$y_{1,t}^m$、$y_{1,t-1}^m$、$y_{1,t-2}^m$则分别表示潜在月度指标$Y_{1,t}^m$、$Y_{1,t-1}^m$、$Y_{1,t-2}^m$的同比增长率。对于其他N_2个月度指标$\{Y_{2,t}\}$（$t=1, 2, \cdots, T$），记$y_{2,t} = \ln Y_{2,t} - \ln Y_{2,t-12}$，则$y_{2,t}$表示$Y_{2,t}$的同比增长率。

记 $y_t^m = (y_{1,t}^{m\prime} y_{2,t}^{m\prime})'$，由经济变量协同变化思想（Stock 和 Watson，1988）可以认为，存在一个不可观测的共同因子 f_t 和一个异质性成分 u_t 满足如下关系式：

$$\begin{pmatrix} y_{1,t}^m \\ y_{2,t}^m \end{pmatrix} = \begin{pmatrix} \mu_1 \\ \mu_2 \end{pmatrix} + \beta f_t + u_t \qquad (2-7)$$

$$\varphi_f(L) f_t = v_{1,t} \qquad (2-8)$$

$$\Phi_u(L) u_t = v_{2,t} \qquad (2-9)$$

$$\begin{pmatrix} v_{1,t} \\ v_{2,t} \end{pmatrix} \sim NID\left(0, \begin{pmatrix} \sigma_1^2 & 0 \\ 0 & \sum_{22} \end{pmatrix}\right) \qquad (2-10)$$

这里，β 为 $N \times 1$ 维因子载荷（Factor Loading）向量；$\{f_t\}$（$t=1, 2, \cdots, T$）是一个平稳共同因子（Common Factor）序列；$\{u_t\}$（$t=1, 2\cdots T$）是 $N \times 1$ 维的异质性成分（Specific Factor）序列；L 为滞后算子；$\varphi_f(.)$ 表示 p 阶多项式；$\Phi_u(.)$ 是 N 维空间中的 $q = max\{q_1, \cdots, q_{N-1}\}$ 阶多项式；其中 q_i 为第 i 个异质性成分的滞后阶数。与已有文献一致，对模型季度指标的因子载荷 β_1 施加识别性约束条件，令 β_1 等于 1[①]，同时将共同因子和异质性成分均设定为一阶自回归过程。同时，将 $\Phi_u(.)$ 和 $\sum_{22}$ 均设为对角阵，意为假定各指标异质性成分之间没有相关性，并将 $\sum_{22}$ 的对角元素记为 $\sigma_{2,i}^2$。考虑到 $y_{1,t}^m$ 不可观测，我们无法对式（2-7）进行直接估计，根据式（2-6）将式（2-7）改写为：

$$\begin{pmatrix} y_{1,t} \\ y_{2,t} \end{pmatrix} = \begin{pmatrix} \mu_1 \\ \mu_2 \end{pmatrix} + \begin{pmatrix} \frac{1}{3}\beta_1 (f_t + f_{t-1} + f_{t-2}) \\ \beta_2 f_t \end{pmatrix} + \begin{pmatrix} \frac{1}{3}u_{1,t} + \frac{1}{3}u_{1,t-1} + \frac{1}{3}u_{1,t-2} \\ u_{2,t} \end{pmatrix}$$

$$(2-11)$$

[①] 为了识别动态因子模型，文献中通常采用以下两种约束方法：第一，将第一个变量的因子载荷约束为 1；第二，将共同因子的方差约束为 1。本书采用第一种约束方法，此时，得到的共同因子具有可解释的经济意义。

其中，$(\beta'_1, \beta'_2)' = \beta$，$(u'_{1,t}, u'_{2,t})' = u_t$。

二 模型的状态空间表示

为了估计不可观测的共同因子和参数，本书将由式（2-11）、式（2-8）和式（2-10）构成的动态因子模型表示为状态空间模型的形式如下：

$$y_t = \mu + H\alpha_t \qquad (2-12)$$

$$\alpha_t = F\alpha_{t-1} + Gv_t \qquad (2-13)$$

$t = 1, 2, \cdots, T$。其中，y_t 是 $N \times 1$ 维的观测向量，包括模型所包含可观测的月度和季度一致指标，α_t 是 $M \times 1$ 维状态向量；式（2-12）为量测方程，表示观测向量 y_t 与不可观测成分向量 α_t 之间的线性关系，式（2-13）是状态方程，描述了状态向量 α_t 及其滞后项的动态转移过程；H 为 $N \times M$ 维的量测方程系数矩阵（$M = p^* + Nq^*$）。关于 p^* 和 q^* 的设定：若共同因子 f_t 滞后阶数 $p < 3$，则令 $p^* = 3$，这时 $\varphi_{f,p+1} = \varphi_{f,p+2} = \cdots = \varphi_{f,p^*} = 0$；若滞后阶数 $p > 3$，则 $p^* = p$；若异质性成分的滞后阶数 $q < 3$，则令 $q^* = 3$，这时 $\Phi_{u,q+1} = \Phi_{u,q+2} = \cdots = \Phi_{u,q^*} = 0_{N \times N}$，若 $q > 3$，则 $q^* = q$。F 为 $M \times M$ 的状态方程系数矩阵，μ 和 v_t 分别是量测方程和转移方程中的漂移项和随机扰动项，$v_t \sim NID(0, \sum_v)$。

在式（2-12）和式（2-13）中，y_t，μ，α_t，v_t，H，F，G 可分别表示为：$y_t = \begin{pmatrix} y_{1,t} \\ y_{2,t} \end{pmatrix}$，$\mu = \begin{pmatrix} \mu_1 \\ \mu_2 \end{pmatrix}$，$\alpha_t = (f_t, \cdots, f_{t-p^*+1}, u_t, \cdots, u_{t-q^*+1})'$，$v_t = \begin{pmatrix} v_{1,t} \\ v_{2,t} \end{pmatrix}$，

$$H = \begin{pmatrix} \frac{1}{3}\beta_1 & \frac{1}{3}\beta_1 & \frac{1}{3}\beta_1 & 0_{N1\times(p^*-3)} & \frac{1}{3}I_{N1} & 0_{N1\times N2} & \frac{1}{3}I_{N1} & 0_{N1\times N2} & \cdots \\ \beta_{2(N2\times 1)} & 0_{N2\times 1} & 0_{N2\times 1} & 0_{N2\times(p^*-3)} & 0_{N2\times N1} & I_{N2} & 0_{N2\times N1} & 0_{N2\times N2} & \cdots \end{pmatrix}$$

$$(2-14)$$

$$F = \begin{pmatrix} \varphi_{f,1} & \cdots & \varphi_{f,p^*-1} & \varphi_{f,p^*} & & & & \\ 1 & 0 & 0 & 0 & & & 0_{p^*\times Nq^*} & \\ & \ddots & \vdots & \vdots & & & & \\ 0 & & 0 & 1 & & & & \\ & & & & \Phi_{u,1} & \cdots & \Phi_{u,q^*} & \\ 0_{Nq^*\times p^*} & & & & I_N & 0 & 0_{N\times N} \\ & & & & & \ddots & & \vdots \\ & & & & & 0 & I_N & 0_{N\times N} \end{pmatrix}$$

$$(2-15)$$

$$G = \begin{pmatrix} 1 & 0'_N \\ 0 & 0'_N \\ \vdots & \vdots \\ 0_N & I_N \\ 0_N & 0_{N\times N} \\ \vdots & \vdots \\ 0_N & 0_{N\times N} \end{pmatrix} \quad (2-16)$$

三 模型估计

由于季度指标每三个月仅有一个观测值，且我国月度数据的发布在某些特定月份也存在缺失值。如我国不公布规模以上港口货物吞吐量12月份数据,且从2013年起,不再公布社会消费品零售总额1月份的数据。针对 y_t 包含大量缺失值的情况,本书参考 Mariano 和 Murasaw(2003)处理缺失值问题的方法,令 θ 为参数向量,将 $\{y_{1,t}^*\}$,$(t=1,2,\cdots,T)$ 表示为:

$$y_{1,t}^* = \begin{cases} y_{1,t} & \text{若 } y_{1,t} \text{ 可以观测到} \\ z_t & \text{其他} \end{cases} \quad (2-17)$$

这里,z_t 是一个独立于 θ 的分布的随机抽样。对于 $t \geq 1$,$y_t = (y_1, y_2, \cdots, y_t)$,$y_t^* = (y_1^*, \cdots, y_t^*)$。根据前文设定 z_t 与 y_t 是独立的,由此可以写出 y_t^* 的联合概率密度分布如下:

$$f(y_T^*; \theta) = f(y_T; \theta) \prod_{t \in A} f(z_t) \quad (2-18)$$

那么在给定 y_T 或者 y_T^* 时,θ 的似然方程是等价的,而由于 y_T^* 不包含缺失值,本书就可以对其进行建模。

z_t 可以是任何独立于 θ 的分布,为了简便,我们假设 $z_t \sim N(0, I_{N1})$。由于在给定 y_T^* 时,θ 的极大似然估计独立于 z_t,在估计中我们将 z_t 简化为0。接下来为了利用 Kalman 滤波来估计给定 y_T^* 时 θ 的极大似然方程,我们将式(2-12)写为:

$$\begin{pmatrix} y_{1,t} \\ y_{2,t} \end{pmatrix} = \begin{pmatrix} \mu_1 \\ \mu_2 \end{pmatrix} + \begin{bmatrix} H_1 \\ H_2 \end{bmatrix} \alpha_t \quad (2-19)$$

那么对于任意 t,

$$\begin{pmatrix} y_{1,t}^* \\ y_{2,t} \end{pmatrix} = \begin{pmatrix} \mu_{1,t} \\ \mu_2 \end{pmatrix} + \begin{bmatrix} H_{1,t} \\ H_2 \end{bmatrix} \alpha_t + \begin{pmatrix} w_{1,t} \\ 0 \end{pmatrix} \quad (2-20)$$

其中,

$$\mu_{1,t} = \begin{cases} \mu_1 & \text{若 } y_{1,t} \text{ 可以观测到} \\ 0 & \text{其他} \end{cases}$$

$$H_{1,t} = \begin{cases} H_1 & \text{若 } y_{1,t} \text{可以观测到} \\ 0 & \text{其他} \end{cases}$$

$$w_{1,t} = \begin{cases} 0 & \text{若 } y_{1,t} \text{可以观测到} \\ z_t & \text{其他} \end{cases} \quad (2-21)$$

由此我们得到一个新的状态空间模型：

$$y_t^* = \mu_t + H_t \alpha_t + w_t \quad (2-22)$$

$$\alpha_t = F\alpha_{t-1} + G\upsilon_t \quad (2-23)$$

其中，$\mu_t = \begin{pmatrix} \mu_{1,t} \\ \mu_2 \end{pmatrix}$, $H_t = \begin{bmatrix} H_{1,t} \\ H_2 \end{bmatrix}$, $w_t = \begin{pmatrix} w_{1,t} \\ 0 \end{pmatrix}$, 令 $t \geq 1$,

$$\mu_{t|t-1}(\theta) = E(y_t^* \mid y_{t-1}^*; \theta) \quad (2-24)$$

$$\sum\nolimits_{t|t-1}(\theta) = var(y_t^* \mid y_{t-1}^*; \theta) \quad (2-25)$$

其中，$y_0^* = 0$。则对任意 $t \geq 1$，

$$f(y_t^* \mid y_{t-1}^*; \theta) = (2\pi)^{-\frac{N}{2}} det\left(\sum\nolimits_{t|t-1}(\theta)\right)^{-\frac{1}{2}}$$

$$\exp\left(-\frac{1}{2}(y_t^* - \mu_{t|t-1}(\theta))' \sum\nolimits_{t|t-1}(\theta)^{-1}(y_t^* - \mu_{t|t-1}(\theta))\right)$$

$$(2-26)$$

给定 y_T^*, θ 的对数似然方程为：

$$\ln L(\theta; y_T^*) = -\frac{NT}{2}\ln 2\pi - \frac{1}{2}\sum_{t=1}^{T} \ln det\left(\sum\nolimits_{t|t-1}(\theta)\right) -$$

$$\frac{1}{2}\sum_{t=1}^{T}(y_t^* - \mu_{t|t-1}(\theta))' \sum\nolimits_{t|t-1}(\theta)^{-1}(y_t^* - \mu_{t|t-1}(\theta))$$

$$(2-27)$$

为了估计上式，我们需要估计 $\left\{\mu_{t|t-1}(\theta), \sum\nolimits_{t|t-1}(\theta)\right\}_{t=1}^{T}$。对于 $t, s \geq 0$,

$$\widehat{\alpha}_{t|s} = E(\alpha_t \mid y_s^*; \theta) \quad (2-28)$$

$$P_{t|s} = var(\alpha_t | y_s^*; \theta) \qquad (2-29)$$

对于式 (2-22), 若 $t \geq 1$, 有

$$\mu_{t|t-1}(\theta) = \mu_t + H_t \widehat{\alpha}_{t|t-1} \qquad (2-30)$$

$$\sum\nolimits_{t|t-1}(\theta) = H_t P_{t|t-1} H'_t + \sum\nolimits_{ww,t} \qquad (2-31)$$

其中,

$$\sum\nolimits_{ww,t} = \begin{cases} 0_{N \times N} & \text{若 } y_{1,t} \text{可以观测到} \\ \begin{bmatrix} I_{N1} & O_{N1 \times N1} \\ O_{N1 \times N2} & O_{N2 \times N2} \end{bmatrix} & \text{其他} \end{cases} \qquad (2-32)$$

由此, 给定 θ 时, 我们可以用 Kalman 滤波和 Hamilton 滤波来估计 $\{\widehat{\alpha}_{t|t-1}, P_{t|t-1}\}_{t=1}^T$, 同时得到状态变量 α_t 的滤波估计值和平滑估计值 (具体推导过程可参见 Harvey, 1989; Hamilton, 1989; Kim 和 Nelson, 1998; Mariano 和 Murasaw, 2003)。

第三节 指标选取和模型设定

一 指标选取和处理

根据景气分析方法,构造服务业景气指数的关键在于选取一组适当的一致指标。本书收集了与服务业和宏观经济相关的各项经济指标170多个,以服务业增加值实际同比增长率序列作为基准指标,利用时差相关分析、K-L信息量等多种方法进行筛选。由于服务业增加值指标只公布季度数据,所以在筛选指标时,首先将月度指标转换为季度指标,然后计算出各备选指标的同比增长率序列并计算各指标与基准指标的时差相关系数与K-L信息量来进行初步筛选,最后将上一步筛选出的月度指标的周期转折点与其相应的季度周期转折点进行比

较确认。筛选过程综合考虑了经济意义、数据长度以及与景气波动的对应情况等,最后得到与服务业景气波动最相关的6个一致指标(如表2-1所示)。受限于所选指标的样本长度,本章分析区间为2002年1月至2018年9月。

表2-1　　　　　　　　　服务业一致指标

变量	频率	符号	样本区间	时差相关系数	滞后期
服务业增加值实际同比增长率	季度	SAV	2002年3月—2018年9月		
消费者信心指数	月度	CCI	2002年1月—2018年9月	0.57	-1
社会消费品零售总额同比增长率	月度	SCG	2002年1月—2018年9月	0.63	1
规模以上港口货物吞吐量同比增长率	月度	PCT	2002年1月—2018年9月	0.52	-1
非制造业PMI	月度	NPMI	2007年1月—2018年9月	0.83	0
财新中国服务业PMI	月度	CXSPMI	2008年10月—2018年9月	0.72	-1

资料来源:万得数据库,https://www.wind.com.cn/newsite/edb.html;中经网统计数据库,http://db.cei.cn.

服务业增加值是反映服务业总体运行情况的最重要指标,因此本书将该指标实际同比增长率作为筛选一致指标的基准指标。社会消费品零售总额同比增长率和规模以上港口货物吞吐量同比增长率分别作为代表批发零售和交通运输两大重要服务行业的指标入选。国家统计局公布的非制造业PMI、消费者信心指数和财新网联合Markit公司编制的财新中国服务业PMI作为与服务业相关的调查指数,因均与基准指标有较好的同步性而入选。我国非制造业PMI按照国际惯例以非制造业商务活动指数代替非制造业PMI综合指数,这里的非制造业包括国民经济行业分类中的全部服务行业，主要调查对象为国有企业等大型企业，财新中国服务业 PMI 调查对象主要为中小企业。消费者信心指数综合反映并量化消费者对经济形势的评价以及消费心理状态的主观感受，由于服务业发展会影响就业结构和国民收入结构，从而影响消费，所以消费者信心指数和服务业景气变化关系同样密切。

服务业一致指标中，服务业增加值采用国家统计局公布的实际同比增长率数据。受春节因素影响，社会消费品零售总额同比增长率数据在 1 月份和 2 月份波动很大，形成了异常值点，我们将这些异常值视为缺失值。本书对缺失值的处理采取了两种方式，即事先采用插值法填补和直接将缺失的数据在状态空间模型中进行估算。实际估计结果显示，这两种处理方式得到的服务业景气指数几乎完全相同。在社会消费品零售总额同比增长率的选择上，参考大多数文献，我们采用名义同比增长率。这种做法一方面是由于名义社会消费品零售总额同比增长率与服务业增加值实际同比增长率的走势较为一致；另一方面，对社会消费品零售总额进行平减时对基年及平减指数的选择可能引入更大的测量误差。另外，规模以上港口货物吞吐量同比增长率数据公布时间较晚，我们由该指标水平值推算其实际同比增长率。关于季节性因素的处理，由于本章选取的一致指标由采用上年为基期的同比增长率指标和官方或者机构公布的调查指数组成，不存在明显的季节性因素，所以并未进行季节调整处理。

二　模型设定

模型设定首先应确定模型的滞后阶数，参考国内学者郑挺国和王霞（2013）以及刘汉（2013）等人的模型构建过程，模型的滞后阶数均被设定为 1 阶或 2 阶。另参照 Mariano 和 Murasawa（2003）给出的

AIC 和 SBIC 信息准则，本书分别计算了 $p=1$ 和 $p=2$ 的 AIC 和 SBIC 值，两种信息准则都选择了 $p=1$。此外，由于本书数据样本较短，所以我们倾向于更精简的模型，以减少待估参数的个数。

为了便于模型的估计并使得提取出的共同因子具有经济含义，本书对所有指标进行了标准化处理，并对因子载荷矩阵施加约束条件：对应于服务业增加值季度同比增长率的因子载荷为 1。

前文提到的缺失值处理方法本质上是将缺失值用相互独立的正态分布的随机实现值进行填充，针对存在缺失值序列的不同处理方式对估计结果的影响微乎其微：是否对序列缺失值进行填补而得到的景气指数在估计值符号、增长趋势以及波动幅度方面都基本相同，这与叶光（2015）的结论一致。因此，下文只给出对缺失值填补之后得到的服务业景气指数估计结果。

第四节 服务业景气指数估计结果及周期波动特征分析

一 服务业景气指数的估计结果

图 2-1 给出了服务业景气指数具体增长趋势和波动情况。结果显示，本书提取的服务业景气指数和服务业增加值实际同比增长率的整体趋势和波动幅度一致性较好，主要的峰谷点基本重合。

表 2-2 为模型估计结果，其中，β 对应各一致指标的因子载荷，可作为判断各一致指标对共同因子提取贡献程度的依据；φ_f 和 φ_u 分别为共同因子和异质性成分的自回归系数；σ_u 表示异质性成分的标准差；L 为模型的对数似然值。

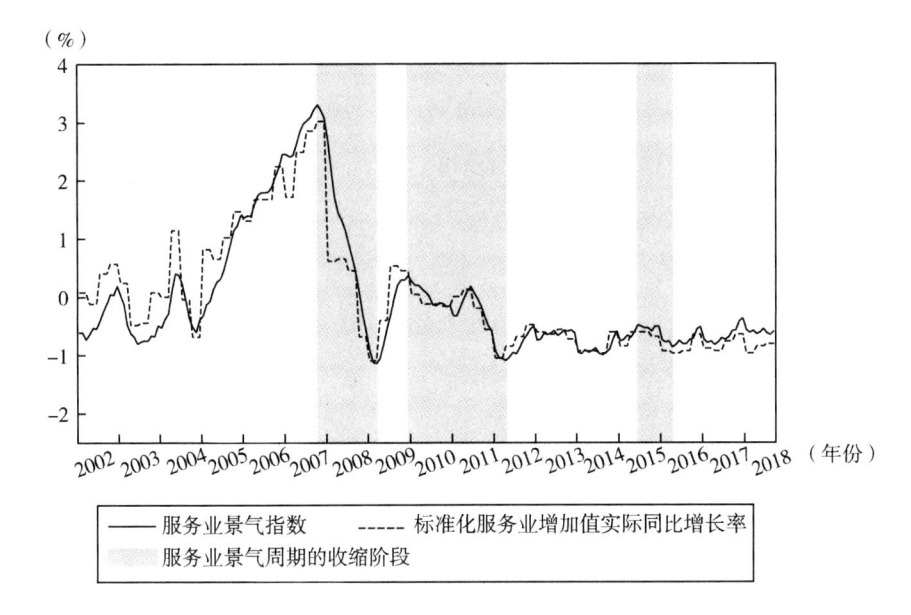

图 2-1　服务业景气指数（实线）与标准化服务业

增加值实际同比增长率（虚线）

表 2-2　　　　　服务业混频动态因子模型参数估计结果

	SAV	SCG	CCI	PCT	NPMI	CXSPMI
β	1	0.338 ** (0.137)	0.39 *** (0.114)	0.896 *** (0.146)	1.108 *** (0.111)	1.4 *** (0.379)
φ_u	0.876 *** (0.046)	0.884 *** (0.034)	0.929 *** (0.032)	0.85 *** (0.0389)	0.909 *** (0.031)	0.33 * (0.268)
σ_u	0.113 *** (0.023)	0.101 *** (0.021)	0.295 *** (0.018)	0.146 *** (0.025)	0.16 *** (0.0164)	0.021 * (0.015)
φ_f	0.783（0.051）***						
L	-1126.75						

注：括号内为参数对应的标准差；*、**、***分别表示在5%、1%的显著性水平下拒绝参数不显著的原假设。

估计结果显示，除了财新中国服务业 PMI 异质性成分的标准差和自回归系数在 10% 显著性水平下显著，其余参数均在 5% 显著性水平下显著，服务业景气指数在规模以上港口货物吞吐量同比增长率、非制造业 PMI、财新中国服务业 PMI 和服务业增加值实际同比增长率 4 个指标的因子载荷明显占优，分别为 0.896、1.108、1.4 和 1，说明服务业景气指数受这 4 个指标的影响较大，这与指标筛选过程中各指标与基准指标的相关性结果基本一致。除其他 3 个反映服务业运行的综合指标外，交通运输业作为服务业内部连接生产与消费部门的重要行业，对服务业景气指数的提取也起到了不可忽视的作用，因此规模以上港口货物吞吐量同比增长率的因子载荷较高。而消费者信心指数和社会消费品零售总额同比增长率的因子载荷相对较低，仅分别为 0.39 和 0.338。尽管两者的因子载荷都较低，但造成这种结果的原因却各不相同，消费者信心指数的异质性波动成分为 0.295，远高于其他 5 个指标的波动性，由此降低了该指标对服务业景气指数提取的贡献程度，而从时差相关系数上看，社会消费品零售总额同比增长率与服务业增加值实际同比增长率和其他 4 个服务业一致指标的时差关系相对滞后，同期相关性较小，因此该指标对提取服务业景气指数的贡献较低。

  本书计算了各个一致指标与所提取的服务业景气指数的相关系数。作为基准指标，服务业增加值实际同比增长率与服务业景气指数的相关系数为 0.95，存在极强相关性；非制造业 PMI、财新中国服务业 PMI 和消费者信心指数与服务业景气指数的相关系数分别为 0.77、0.77 和 0.62，存在强相关关系；规模以上港口货物吞吐量同比增长率和社会消费品零售总额同比增长率与服务业景气指数相关系数分别为 0.48 和 0.44，为中等强度相关。这与指标筛选的时差相关系数排序结果基本一致。

二 我国服务业周期判别及波动特征分析

周期转折点测定是经济周期测量和分析的重要内容，在国际上比较有代表性的转折点测量方法是由 Bry 和 Boschan（1971）提出的测定经济周期转折点准则和程序（简称 B - B 法），该方法在各国的景气分析中被广泛应用。B - B 法认为一个完整的经济周期应该满足：（1）一个谷到峰或者峰到谷的持续时间在 6 个月以上；（2）一个波动周期的持续时间在 15 个月以上。但陈磊等（2007）认为这种转折点判别条件更接近经济波动的含义，经济周期的标准应该更严格。因此，本书在测定服务业周期时，结合服务业的波动特征与经济周期类型的划分，提出了针对服务业的周期判别准则，并从实证角度严格区分了服务业景气周期与服务业短期波动的概念和判断标准。

服务业短周期的判别标准为：（1）每个上涨或下降的周期阶段持续至少 9 个月；（2）一个完整的谷—谷周期至少持续 30 个月；服务业中周期的识别标准：（1）每个上涨或下降的周期阶段至少持续 18 个月；（2）一个完整的谷—谷周期至少持续 60 个月。除此之外，将不满足短周期标准，但满足 B - B 法判别准则的扩张和收缩阶段视为服务业的短期波动。根据以上的判别标准，服务业周期的定义要比服务业短期波动更为严格，一个服务业周期内可包含多个服务业短期波动。

表 2 - 3 列出了服务业景气指数峰谷转折点的测定结果，收缩期在图 2 - 1 中由阴影部分标出。综合图 2 - 1 和表 2 - 3，根据本书提出的服务业周期判别准则可得到我国服务业景气测量的初步结论：2002 年 1 月至 2017 年 12 月的样本期间，服务业增长共经历了三轮 "谷—谷" 的完整景气周期。第一轮服务业周期（2003 年 6 月至 2009 年 3 月）持续了 69 个月，其中，扩张期为 52 个月，收缩期为 17 个月，以扩张期为主

导。实际上，该轮周期已基本满足一个中周期的标准。第二轮短周期（2009年3月至2012年4月）持续期为37个月，扩张期为9个月，收缩期为28个月，以收缩期为主导。第三轮服务业短周期（2012年4月至2016年4月）持续期为48个月，扩张期为38个月，收缩期为10个月，以扩张期为主导。2016年4月至今，服务业景气指数大体呈波浪形微波化的缓慢回升走势，尚未形成符合判别准则的波峰，其未来走势有待继续观测。2017年12月尽管可被认为是第四轮周期内一个短期波动的峰点，但仍需得到新的谷点后再进行进一步的确认。

表2-3　　　　　　　　服务业景气指数转折点结果

波谷	波峰	周期持续期（月）
	2002年12月	
2003年6月	**2007年10月**	
2009年3月	**2009年12月**	69
2012年4月	2013年11月	37
2014年8月	**2015年6月**	
2016年4月	2017年12月	48

注：持续期按相邻两个波谷间隔时间计算。由本书提出的服务业周期判别准则识别出的转折点在表2-3中加粗表示，未加粗的转折点表示由B-B法确定的服务业短期波动，仅作参考。

根据转折点的测定结果，本书对服务业周期的主要波动特征进行测算，相关特征指标见表2-4。

表2-4　　　　　　　　服务业周期波动特征指标

测量指标	2002年1月—2018年9月	2003年6月—2009年3月	2009年3月—2012年4月	2012年4月—2016年4月
平均上涨概率	0.65	0.75	0.24	0.79
上涨阶段平均持续期（月）	33	52	9	38

续表

测量指标	2002年1月—2018年9月	2003年6月—2009年3月	2009年3月—2012年4月	2012年4月—2016年4月
上涨阶段平均振幅	2.11	4.31	1.32	0.73
平均上涨速度（指数点/月）	0.06	0.08	0.15	0.02
平均下降概率	0.35	0.25	0.76	0.21
下降阶段平均持续期（月）	18	17	28	10
下降阶段平均振幅	2.14	4.72	1.28	0.42
平均下降速度（指数点/月）	0.12	0.28	0.05	0.04
平均位势	0.48	1.32	0.31	-0.28
波动率	0.94	1.29	0.42	0.18

注：1. 2002年1月—2018年9月期间的周期特征是针对期间三个完整服务业周期平均测算的结果。
2. 平均上涨（下降）概率是上涨（下降）阶段平均持续期与相应的周期长度之比。
3. 平均上涨（下降）速度是上涨（下降）阶段平均振幅与相应的平均持续期长度之比。
4. 波动率为指数的标准差。

从总体上看，21世纪服务业景气波动的平均周期长度为51个月，其中景气扩张阶段的平均持续期为33个月，景气收缩阶段的平均持续期为18个月；平均上涨概率（0.65）大于平均下降概率（0.35）；平均上涨速度（每月0.06个指数点）小于平均下降速度（每月0.12个指数点），整体呈现以上升期为主导的"缓增速降"型的非对称周期特征。

从各轮服务业周期的波动特征来看，样本期内第一轮服务业周期（2003年6月至2009年3月）上涨阶段的平均振幅（4.31）略小于下降阶段的平均振幅（4.72）；周期下降速度显著高于周期上涨速度，呈现出典型"缓增速降"型的周期形态。第二轮服务业周期（2009年3月至2012年4月）与前一轮相比，平均振幅、波动率和平均位势都显著减小；周期上涨阶段平均振幅（1.32）略大于下降阶段的平均振幅（1.28），周期下降速度显著低于上涨速度，显示出"急增缓降"非对称形态。

值得注意的是，从第三轮短周期（2012年4月至2016年4月）开始，我国经济进入新常态时期。这轮短周期在平均振幅和波动率上与上一轮短周期相比均进一步减小，平均位势也有所下降，周期的收缩幅度小于上涨幅度，周期下降速度大于上涨速度，呈现出以扩张期为主的"缓增速降"型周期形态。实际上，此轮短周期内部包含两个波长分别为28个月（2012年4月至2014年8月）和20个月（2014年8月至2016年4月）的两次服务业短期景气波动。结合图2-1不难发现，这两轮短期波动在周期形态和平均位势等方面都很相似，在相对低位呈现波动幅度较小的平稳波动，并初步呈现出一定的规律性；持续期方面，周期内第二次短期波动要比第一次短期波动有所减小。此外，第三轮服务业周期与之前两轮相比，波动形态规律稳定，波幅减小，运行态势低位平稳，表现出与以往不同的新特征。

2016年4月至样本期结束的这段时间，服务业景气指数尚未形成一轮完整的短周期，但2017年12月被初步认为是第四轮周期的波峰。2016年4月至2017年12月服务业景气指数在小幅波动中呈现周期性上升形态，随后服务业景气指数开始平缓回落，直至样本期结束尚未见触底迹象。根据这一轮不完整的服务业短期波动可以看出，2016年4月之后服务业景气指数的周期波动与第三轮服务业短周期内的两次短期波动形态类似，延续了经济新常态下服务业景气指数小幅稳定的波动态势。

三 服务业景气波动的历史考查

随着我国加入WTO所带来外商投资的迅速增长和房地产投资的快速增长，我国服务业共同进入景气扩张期，服务业景气指数在2002年12月达到样本期内第一个短期波动的峰点。此后"非典"疫情的冲击使服务业景气出现了6个月的短暂下降，在2003年6月触底后，伴随着我国房地产市场的繁荣，服务业步入样本期内第一轮周期的上升期，并开始了长达52个月的景气扩张阶段，这也是样本期内持续时间最长、波动幅度最大的一次景气扩张。受2007年宏观经济政策收紧和2008年国际金融危机冲击的影响，服务业景气指数从2007年11月开始出现快速、大幅的下降，在经历17个月的持续下行后，于2009年3月形成了样本期内的最低点，从而结束了该轮服务业周期。

随后，受我国应对国际金融危机而出台的一揽子刺激经济计划的影响，服务业景气指数从2009年4月开始新一轮快速但持续时间较短的扩张，而随着消费品价格上涨、房地产市场泡沫加重、产能过剩等问题的出现，服务业一致在2010年1月重新进入收缩阶段，并持续到2012年4月，期间在2011年上半年曾出现为期5个月的短暂小幅回升，而后一路跌至谷点。在应对国际金融危机的背景下，这一轮服务业短周期呈现"短扩张、长收缩"的非对称形态，扩张时间和整个周期长度远远短于前一轮服务业周期，而景气回落的持续期相对较长。这种变化反映了国际金融危机爆发后，政府迅速采取的超常规刺激政策的效果，以及其后的逐渐调整和消化过程。特别是第二轮周期的平均位势明显低于上一轮，表明服务业增长的景气情况呈现出结构性改变。

随着中国经济进入新常态，服务业景气在2012年4月触底后开始进入第三轮短周期，其中包含了两次短期波动。随着经济体制改革的不断深化，经济结构不断调整优化，产业结构升级加快，经济增长更多依靠国内消费和服务业的发展。在此背景下，从本轮周期开始，直到2018年9月，服务业景气指数在相对低位呈现出大体平稳的走势，表现出新常态下服务业周期与以往不同的"微波化"新特征。

四 服务业景气指数与宏观经济景气指数的对比

图 2-2 对比了本书提取的服务业景气指数与国家统计局发布的我国标准化宏观经济景气指数的走势，其中，宏观经济景气指数为标准化处理后的序列。如图 2-2 所示，2009 年至 2010 年，我国政府的经济刺激政策对服务业的提升影响远不及对宏观经济的影响，随后服务业景气指数也并未像宏观经济景气指数那样在 2011 年出现大幅下滑，只是小幅且平缓地回落。2012 年以来，服务业景气指数基本保持平稳小幅波动的态势，与宏观经济景气指数在多数时间的下滑趋势有所不同。根据国家统计局发布的数据，在此期间服务业增加值实际同比增长率平均值高达 8%，显示出服务业的内在稳定性及其对宏观经济的稳定和拉动作用，这与发达国家的经济发展趋势相符合。

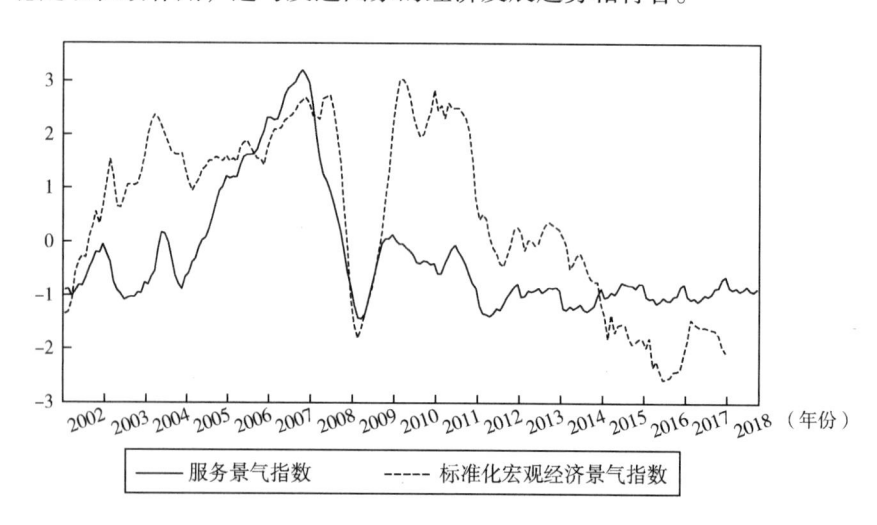

图 2-2 服务业景气指数与标准化宏观经济景气指数

理论研究表明，在相对发达的市场经济国家，服务业的景气波动相对第二产业以及整体宏观经济波动较小。这一方面源于服务业生产与消费的同时性,即服务产品的非储存性(Gershuny 和 Miles,1983);另一方面则取决于市场对服务业产品的需求和服务业就业波动均较小(Fuchs,1968)。我国服务业在经济新常态时期呈现出的平稳走势,除了服务业的内在稳定性,更与政府调结构、转方式的政策方针和对服务业发展的高度重视密不可分,如《中华人民共和国国民经济和社会发展第十二个五年规划纲要》指出,要把推动服务业大发展作为产业结构优化升级的战略重点。

从服务业内部结构来看,首先,生产性服务业在我国服务业增加值中所占比例不断增加,其发展对服务业稳定运行发挥了重要作用。其次,近年来,除了占据较大份额的传统服务业之外,在云计算、物联网和大数据等新型信息技术的推动下,服务业内部衍生出的新型服务业迅速发展,如电子商务服务业、健康服务业、节能服务业、文化创意产业和人力资源服务业等保持着较快的增长速度。电子商务服务业的发展带动网购平台快速繁荣的同时也推动了我国快递业的快速成长,并且涌现了包括数据分析、电子支付、网络理财、网络约车等多种新兴服务业态。2018 年,规模以上服务业企业营业收入同比增长 11.5%,其中,战略性新兴服务业、科技服务业和高技术服务业企业营业收入同比分别增长 14.9%、15.0% 和 13.4%;规模以上服务业企业营业利润增长 5.7%。这给整体服务业注入了新鲜的活力。

近年来,服务业增加值增速高于 GDP 增速和服务业增加值占比的逐渐增加既体现了经济新常态的重要结构特征,又显示了服务业对稳定宏观经济运行的重要拉动作用。随着服务业对经济增长贡献的逐渐提高,可以预期服务业发展对熨平经济波动的"稳定器"作用将不断增强。

第五节 本章小结

本章选取消费者信心指数、社会消费品零售总额同比增长率、规模以上港口货物吞吐量同比增长率、非制造业 PMI 和财新中国服务业 PMI 5 个月度一致指标以及服务业增加值实际同比增长率，采用混频动态因子方法构建了我国服务业景气指数实际同比增长率。根据前文的实证分析，主要结论如下：

第一，规模以上港口货物吞吐量同比增长率、非制造业 PMI、财新中国服务业 PMI 和服务业增加值实际同比增长率这 4 个一致指标对服务业景气指数的提取贡献较大。结合服务业景气指数的波动特征和经济周期类型划分，本书提出了针对服务业周期的转折点判别准则。根据该准则，服务业增长在进入新世纪以来共经历了 2003 年 6 月至 2009 年 3 月、2009 年 3 月至 2012 年 4 月、2012 年 4 月至 2016 年 4 月三轮完整的服务业短周期。

第二，从总体上看，21 世纪服务业景气波动的平均周期长度为 51 个月，其中景气扩张阶段的平均持续期为 33 个月，景气收缩阶段的平均持续期为 18 个月，呈现以上升期为主导的"缓增速降"型的非对称周期特征。以国际金融危机为界，从持续期来看，国际金融危机之后的两轮服务业周期较前一轮周期持续期明显缩短；从波动特征来看，国际金融危机之后的两轮服务业短周期的平均振幅、波动率和平均位势等明显低于国际金融危机前的服务业周期，尤其是经济新常态时期的服务业景气进一步呈现出平稳小幅波动的新特征。

第三，通过对比服务业景气指数与宏观经济景气指数的走势，本书发现在国际金融危机之后，服务业景气指数相比宏观经济景气指数更加平稳。在经济新常态时期，特别是 2015 年以来，服务业保持着自身的稳定性和对宏观经济的拉动作用。

　　服务业是减缓经济下行压力的"稳定器",也是促进传统产业改造升级的"助推器",更是孕育新经济新动能成长的"孵化器"(宁吉喆,2016)。目前我国正处在转型升级换挡时期,在迈向中高端的过渡期内,鉴于服务业在经济新常态时期高于 GDP 的增速及其逐渐提高的 GDP 占比和就业人数占比,服务业升级有望在未来一段时期撬动万亿元市场规模,并且能够吸纳由制造业部门"去产能"过程导致的就业压力。由此可见,随着服务业对 GDP 占比的日益提高,其对经济的拉动和稳定作用会随之增强。

第三章 服务业周期波动的区制转移特征与非对称性研究

第一节 引言

宏观经济波动主要有两个特征：第一，主要宏观经济变量的协同性变化；第二，经济运行阶段的非对称性（郑挺国和王霞，2013）。在描述和识别经济变量波动基本特征的各类方法中，马尔科夫区制转移模型（Hamilton，1989）可识别经济周期中可能出现的非线性特征，但该模型只能测定单一指标的波动，对经济变量之间的协同变化束手无策。而 Stock 等（1988）提出的动态因子模型可以描述多个经济指标之间的协同变化，但因其采用线性模型无法刻画经济波动的非线性特征。针对这种情况，Kim 等（1998）将马尔科夫结构引入到 Stock 等（1988）的动态因子模型中，采用多种滤波方法和 Kim 近似法来估计模型，从而同时考察经济波动的两大基本特征。

Mariano 和 Murasawa（2003）通过分析季度 GDP 增长率与潜在月度 GDP 增长率之间的数学关系提出了混频动态因子模型，提取出反映美国经济周期波动的月度景气指数。在此基础上，Camacho 和 Perez-Qiuros（2010）在混频动态因子模型中引入马尔科夫结构，从而可以同时对经济周期的阶段性变化和非对称性进行考察。Kholodilin（2003）基于混频动态因子模型，首次在截距项和方差结构中同时引入马尔科夫区制移换过程，从经济增长速度和波动强度的双重视角对美国经济周期的波动特征进行实证研究。国内部分学者也基于马尔科夫混频动态因子模型对我国经济波动特征进行研究，如郑挺国等（2013）和陈磊等（2018），但在服务业周期研究的应用中尚属空白，且多数对经济周期的阶段划分或非对称性研究也仅基于增长速度层面将景气周期划分为扩张和收缩两个阶段。

通过第二章中服务业一致景气指数的波动态势可以发现，服务业波动具有典型的阶段性特征，有必要对服务业的增长和波动阶段特征进一步考察。首先，本书采用四区制马尔科夫混频动态因子模型，充分利用服务业月度一致指标和服务业增加值实际同比增长率，即基准指标包含的信息，且马尔科夫结构的引入能够同时刻画服务业周期的非线性和协同性特征。其次，与以往经济周期研究方法不同的是，本书在混频动态因子模型中同时引入变截距和变方差的四区制马尔科夫结构，由此可以详细分析服务业景气指数的截距及方差波动的演变轨迹，通过服务业景气指数在不同区制状态下的滤波概率来刻画服务业增长和波动在不同时期的阶段性特征，从而将服务业景气指数划分为高增长—高波动、高增长—低波动、低增长—高波动和低增长—低波动四个阶段，从服务业增速高低和服务业周期波动强弱的双重视角对我国服务业周期运行特征进行更加深入和立体的分析。最后，进一步结合截距、方差的联合转移概率矩阵，分析我国服务业周期不同阶段间的转移特性，并通过联合转移概率矩阵来分析在当前阶段我国服务业可能出现的转移路径和波动形态。

第二节 计量模型的构建与估计

一 四区制马尔科夫混频动态因子模型设定

依据服务业季度增加值与其潜在月度增加值的关系，我们设定 $Y_{t,1}$ ($t=1, 2, 3, \cdots, T$) 为每季度可以观测到一次的服务业增加值序列，t 表示月度，那么 $Y_{t,1}$ 满足：

$$Y_{t,1} = \begin{cases} 服务业季度实际增加值, & t=3k,\ k=1, 2, \cdots, \text{int}\left[\dfrac{T}{3}\right] \\ NA, & 其他 \end{cases}$$

(3-1)

其中，int 表示取整运算，NA 表示缺失值。这里季度流量指标值为该指标对应的三个潜在月度指标的加总。$Y_{t,1}^m$ 表示基于月度的不可观测服务业增加值，则 $Y_{t,1}$ 可写成：

$$Y_{t,1} = Y_{t,1}^m + Y_{t-1,1}^m + Y_{t-2,1}^m = 3 * \frac{1}{3} (Y_{t,1}^m + Y_{t-1,1}^m + Y_{t-2,1}^m) \quad (3-2)$$

但是，基于这一数学关系计算不可观测月度增长率会使相应的状态空间形式出现非线性结构，令模型变得复杂而难以估计。因此本书基于 Mariano 等（2003）使用的处理办法，将式（3-2）中的算术平均数算式改写为几何平均数算式：

$$Y_{t,1} = 3 \left(Y_{t,1}^m Y_{t-1,1}^m Y_{t-2,1}^m \right)^{\frac{1}{3}} \quad (3-3)$$

与第二章式（2-3）—式（2-6）步骤相同，得到

$$y_{t,1} = \frac{1}{3} (y_{t,1}^m + y_{t-1,1}^m + y_{t-2,1}^m) \quad (3-4)$$

式（3-4）是对式（3-3）两端分别取对数并进行 12 个月的差分运算，表示季度同比增长率可以记为季度内潜在月度同比增长率的

算数平均数。其余月度一致指标集合 $\{Y_{t,2}, Y_{t,3}, \cdots, Y_{t,N}\}$ 对应的可观测月度同比增长率为集合 $\{y_{t,2}^m, y_{t,3}^m, \cdots, y_{t,N}^m\}$。这里的式（3-1）—式（3-4）与第二章式（2-1）—式（2-6）形式一致，但第二章的混频动态因子模型为线性的，而这里的混频动态因子模型为包含四区制马尔科夫形式的。由经济变量协同变化特征可以认为，存在一个不可观测的共同因子 f_t 和一个异质性成分 u_t，可以将 $\{y_{t,1}^m\}$ 和 $\{y_{t,2}^m, y_{t,3}^m, \cdots, y_{t,N}^m\}$ 的运行和波动描述成如下过程：

$$\begin{pmatrix} y_{t,1}^m \\ y_{t,2}^m \\ \vdots \\ y_{t,N}^m \end{pmatrix} = \begin{pmatrix} \beta_1 \\ \beta_2 \\ \vdots \\ \beta_N \end{pmatrix} f_t + \begin{pmatrix} u_{t,1} \\ u_{t,2} \\ \vdots \\ u_{t,N} \end{pmatrix} \qquad (3-5)$$

这里 f_t 的系数矩阵 $\{\beta_1, \beta_2, \cdots, \beta_{N-1}\}'$ 即因子载荷矩阵，$\{u_{t,1}, u_{t,2}, \cdots, u_{t,N-1}\}'$ 即异质性成分，我们将其设为协方差平稳过程，f_t 表示为如下的动态过程：

$$\varphi_f(L) f_t = \mu_{s_t} + \varepsilon_t, \quad \varepsilon_t \sim N(0, \sigma_{s_t}^2) \qquad (3-6)$$

其中，ε_t 为区制独立且没有序列相关的随机误差项，L 为滞后算子，μ_{s_t} 为区制独立的截距项，$\varphi_f(.)$ 为 p 阶多项式。我们将代表服务业增速和波动情况的截距项和随机误差项的区制变量分别记为 s_t^μ、s_t^σ，与多数文献一致，本书假设 s_t^μ 存在 $s_t^\mu = 1$ 和 $s_t^\mu = 2$ 两种状态，同时，s_t^σ 也存在 $s_t^\sigma = 1$ 和 $s_t^\sigma = 2$ 两种状态。上述对 s_t^μ 设定两个区制可将服务业景气分为高增长和低增长两个状态，将 s_t^σ 设定为两个区制可将服务业波动分为低波动和高波动两个状态，这样即可将服务业景气按照增长和波动情况分为四个区制阶段。另外，基于 Kholodilin 等（2004）的设定，我们假设 s_t^μ 和 s_t^σ 相互独立，从而保证服务业的增长状态与波动状态互相没有影响。

这里用一阶马尔科夫链 $p_{ij}^k = P(s_t^k = j | s_{t-1}^k = i)$ 表示 s_t^k ($k = \mu$, σ) 的动态转移概率，代表由 $t-1$ 时刻状态 $s_{t-1}^k = i$ 转移到时刻 t 状态 $s_t^k = j$ 发生的概率，具体形式如下：

$$p_{ij}^k = \begin{bmatrix} p_{11}^k & 1-p_{11}^k \\ 1-p_{22}^k & p_{22}^k \end{bmatrix}, k = \mu, \sigma \quad (3-7)$$

由于截距项和随机误差项相互独立且各包含两个区制状态，式 (3-8) 中，s_t 表示基于相互独立截距项和随机误差项划分的"高增长—低波动"、"低增长—低波动"、"低增长—高波动"以及"高增长—高波动"四个区制。

$$s_t = \begin{cases} 1 & s_t^\mu = 1, s_t^\sigma = 1 \\ 2 & s_t^\mu = 2, s_t^\sigma = 1 \\ 3 & s_t^\mu = 2, s_t^\sigma = 2 \\ 4 & s_t^\mu = 1, s_t^\sigma = 2 \end{cases} \quad (3-8)$$

p_{ij} 表示上述四个区制间的转移概率矩阵，我们将其分别设定为：

$$p_{ij} = \begin{bmatrix} p_{11}^\mu p_{11}^\sigma & (1-p_{11}^\mu)p_{11}^\sigma & p_{11}^\mu(1-p_{11}^\sigma) & (1-p_{11}^\mu)(1-p_{11}^\sigma) \\ (1-p_{22}^\mu)p_{11}^\sigma & p_{22}^\mu p_{11}^\sigma & (1-p_{22}^\mu)(1-p_{11}^\sigma) & p_{22}^\mu(1-p_{11}^\sigma) \\ p_{11}^\mu(1-p_{22}^\sigma) & (1-p_{11}^\mu)(1-p_{22}^\sigma) & p_{11}^\mu p_{22}^\sigma & (1-p_{11}^\mu)p_{22}^\sigma \\ (1-p_{22}^\mu)(1-p_{22}^\sigma) & p_{22}^\mu(1-p_{22}^\sigma) & (1-p_{22}^\mu)p_{22}^\sigma & p_{22}^\mu p_{22}^\sigma \end{bmatrix}$$

$$(3-9)$$

相较于单纯针对截距项建模的马尔科夫混频动态因子模型，本书构建的模型共包含四种区制，不仅能反映服务业增长速度的变化和服务业波动强度的变化，还能深入揭示不同区制之间的动态转移路径。式 (3-10) 表示异质性成分 u_t 的动态过程：

$$\varphi_u(L) u_t = \eta_t, \quad \eta_t \sim N\left(\begin{pmatrix} 0 \\ \vdots \\ 0 \end{pmatrix}, \begin{pmatrix} \sigma_1^2 & & 0 \\ & \ddots & \\ 0 & & \sigma_N^2 \end{pmatrix}\right) \quad (3-10)$$

其中，$\varphi_u(.)$ 表示 $q = \max\{q_1, \cdots, q_N\}$ 阶自回归系数，q_i 为第 i 个异质性成分的滞后阶数，L 表示滞后算子。由于 $y_{t,1}^m$ 是无法观测的变量，我们根据式（3-2）将式（3-5）重新记为：

$$\begin{pmatrix} y_{t,1} \\ y_{t,2}^m \\ \vdots \\ y_{t,N}^m \end{pmatrix} = \begin{pmatrix} \frac{1}{3}\beta_1 & \frac{1}{3}\beta_1 & \frac{1}{3}\beta_1 \\ \beta_2 & 0 & 0 \\ \vdots & \vdots & \vdots \\ \beta_N & 0 & 0 \end{pmatrix} \begin{pmatrix} f_t \\ f_{t-1} \\ f_{t-2} \end{pmatrix} + \begin{pmatrix} \frac{1}{3}u_{t,1} + \frac{1}{3}u_{t-1,1} + \frac{1}{3}u_{t-2,1} \\ u_{t,2} \\ \vdots \\ u_{t,N} \end{pmatrix}$$

$$(3-11)$$

这里式（3-11）与式（3-6）、式（3-10）共同构成了包含四区制马尔科夫结构的混频动态因子模型，为了共同因子更具经济意义，与已有文献一致，对模型季度指标的因子载荷 β_1 施加识别性约束条件，令 β_1 等于1，同时将共同因子和异质性成分均设定为一阶自回归过程。

二 模型的估计

为了对模型进行估计，我们将由式（3-11）、式（3-6）、式（3-10）构成的四区制马尔科夫结构下的混频动态因子模型写成式（3-12）和（3-13）组成的状态空间结构：

$$y_t = H\beta_t + \xi_t \quad (3-12)$$

$$\beta_t = \lambda_{S_m} + F\beta_{t-1} + \zeta_t \quad (3-13)$$

式（3-12）为量测方程，表示不可观测成分向量 β_t 与可观测变量向量 y_t 之间的线性关系，随机扰动向量 $\xi_t \sim N(0, R)$；式（3-13）

为状态方程，表示不可观测成分向量 β_t 及其滞后项之间的动态转移过程，随机扰动向量 $\zeta_t \sim N(0, Q)$。这里将共同因子和异质性因子均视为不可观测成分，即 $\beta_t = (f_t, \mu_t)'$。其中，$f_t = (f_t f_{t-1} \cdots f_{t-r})'$，$\mu_t = (u_{t,1} u_{t-1,1} \cdots u_{t-l+1,1} u_{t,2} \cdots u_{t-q_{N-1}+1,N-1})'$，$r = \max(p, 3)$；$l = \max(q_1, 3)$；$\lambda_{S_m} = (\mu_{s_t} 0 \cdots 0)'$；$H$、$F$ 分别为量测方程系数矩阵和状态方程系数矩阵，具体形式分别由式（3-14）和式（3-15）给出：

$$H = \begin{pmatrix} \frac{1}{3} & \frac{1}{3} & \frac{1}{3} & 0_{1\times(r-3)} & \frac{1}{3} & \frac{1}{3} & \frac{1}{3} & 0_{1\times(l-3)} \\ \gamma_2 & & & & & & & & i_{q_2} \\ \vdots & & & & & & & & & \ddots \\ \gamma_N & & & & & & & & & & i_{q_N} \end{pmatrix}$$

(3-14)

其中，i_{q_j} $(j = 2, \cdots, N)$ 为 $q_j \times q_j$ 阶矩阵，首行和首列的元素为 1，其他元素均为 0。

$$F = \begin{pmatrix} \varnothing_{f,1} & \cdots & \varnothing_{f,p} & f & p^* \\ I_{r-1} & & & & & \\ & & & \varphi_{u,1} & \cdots & \varphi_{u,q_1^*} \\ & & & I_{l-1} & & \\ & & & & & & \varphi_{u,1} & \cdots & \varphi_{u,q_2} \\ & & & & & & I_{q_2-1} & & \\ & & & & & & & & \ddots \\ & & & & & & & & & \varphi_{u,1} & \cdots & \varphi_{u,q_N} \\ & & & & & & & & & I_{q_N-1} & & \end{pmatrix}$$

(3-15)

若共同因子 f_t 的自回归阶数 p 小于 3，则 $p^* = 3$，此时 $\varnothing_{f,p+1} =$

$\emptyset_{f,p+2}=\cdots=\emptyset_{f,p^*}=0$，否则 $p^*=p$；若季度指标异质性成分的自回归阶数 q_1 小于 3，则 $q_1^*=3$，此时 $\varphi_{u,q_1+1}=\varphi_{u,q_1+1}=\cdots=\varphi_{u,q_1^*}=0$，否则 $q_1^*=q_1$；$\varphi_{u,q_j}(j=2,\cdots,N)$ 为月度指标异质性成分的自回归系数，I_{q_j-1} 为 q_j-1 阶单位矩阵。

这里 y_t 为包含大量缺失值的经济序列，主要原因在于我国发布的部分月度指标在一些特定月份存在缺失值，且季度指标在不发布数据的月份无法观测。因此，与第二章思路一致，本书参考 Mariano 等（2003）对缺失值的处理办法，将式（3-12）改写成如下形式：

$$y_{n,t}^*=\begin{cases}y_{n,t}, & \text{若 }y_{n,t}\text{ 可以观测到}\\ v_t, & \text{其他}\end{cases}, H_{n,t}^*=\begin{cases}H_{n,t}, & \text{若 }y_{n,t}\text{ 可以观测到}\\ 0, & \text{其他}\end{cases}$$

$$\xi_{n,t}^*=\begin{cases}0, & \text{若 }y_{n,t}\text{ 可以观测到}\\ v_t, & \text{其他}\end{cases}, R_{n,t}^*=\begin{cases}0, & \text{若 }y_{n,t}\text{ 可以观测到}\\ \sigma_v^2, & \text{其他}\end{cases}$$

$$(3-16)$$

其中，$v_t \sim N(0, \sigma_v^2)$。用这种处理缺失值的办法得到的极大似然估计值与原包含缺失值序列的参数估计值是等价的，其本质是用相互独立正态分布的随机值来填充原序列的缺失部分。

改写后的量测方程为：

$$y_{n,t}^*=H_{n,t}^*\beta_t+\xi_{n,t}^* \quad (3-17)$$

采用 Hamilton 滤波、Kalman 滤波和 Kim 近似的极大似然估计法对式（3-17）和式（3-13）组成的四区制马尔科夫动态因子模型进行估计，得到不可观测变量 β_t 和状态变量 s_t 的平滑估计值和滤波估计值，具体的推导过程参见 Kim 和 Nelson（1999）、高铁梅等（2015）。

第三节　四区制马尔科夫混频动态因子模型实证结果分析

本章的指标选取和处理与第二章一致，选取消费者信心指数、社会消费品零售总额同比增长率、规模以上港口货物吞吐量同比增长率、非制造业 PMI 和财新中国服务业 PMI 五个月度指标和服务业增加值实际同比增长率构成的混频数据进行建模和估计，根据状态变量 s_t 的滤波估计值对我国服务业周期波动特征进行分析。数据描述参照表 3-1，样本区间为 2002 年 1 月至 2018 年 9 月。

表 3-1　　四区制马尔科夫混频动态因子模型参数估计结果

	SAV	SCG	CCI	PCT	NPMI	CXSPMI
β	1	0.338*** (0.105)	0.39*** (0.122)	0.896*** (0.102)	1.108*** (0.164)	1.4*** (0.279)
φ_f	\multicolumn{6}{c}{0.775 (0.0499)}
φ_u	0.876*** (0.046)	0.884*** (0.034)	0.929*** (0.032)	0.85*** (0.0389)	0.909*** (0.031)	0.33** (0.168)
σ_u	0.113*** (0.023)	0.101*** (0.021)	0.295*** (0.02)	0.146*** (0.026)	0.16*** (0.0165)	0.041*** (0.013)
	高增长		低增长		低波动	高波动
p_{ii}	0.957*** (0.0428)		0.980*** (0.015)		0.989*** (0.0068)	0.982*** (0.102)
	低波动			高波动		
σ_f	0.025*** (0.0015)			0.225** (0.087)		
	区制一	区制二		区制三		区制四
μ	0.026** (0.011)	-0.024*** (0.0089)		-0.209*** (0.07)		0.472*** (0.181)
L	\multicolumn{6}{c}{-743.93}

注：括号内为参数对应的标准差；**、***分别表示在 5%、1% 的显著性水平下拒绝参数不显著的原假设。

一　模型参数结果

为使模型估计简便，本书对所有服务业一致指标进行了标准化处理。另外，将服务业增加值实际同比增长率的因子载荷约束为1，使得提取共同因子有直观的经济意义。

表3-1为模型估计结果，其中，β对应式（3-5）中各一致指标的因子载荷，可作为判断各一致指标对共同因子提取贡献程度的依据；φ_f和φ_u分别为共同因子和异质性成分的自回归系数；σ_f和σ_u分别表示共同因子和异质性成分的标准差，代表二者的波动程度，且根据σ_f的数值可对共同因子的波动区制进行划分；μ表示共同因子在各区制下的截距项，可根据其数值划分增长区制；p_{ii}对应式（3-7）中的转移概率；L为模型的对数似然值。

从参数结果可知，第一，模型中的所有参数均在5%显著性水平下显著，本书提取的共同因子，即服务业景气指数在服务业增加值实际同比增长率、规模以上港口货物吞吐量同比增长率、非制造业PMI、财新中国服务业PMI四个变量上的载荷明显占优，分别为1、0.896、1.108和1.4，结果与指标筛选过程中各指标与基准指标的相关性结果基本一致，而社会消费品零售总额同比增长率和消费者信心指数对共同因子的提取的影响有限，这与第二章不含马尔科夫结构的混频动态因子模型结论一致。

第二，服务业景气指数的自回归系数约为0.775，当服务业受到外生冲击后，冲击成分的半衰期约为2.7个月，服务业需要约9个月来消除90%以上的影响，在一定程度上说明中国服务业的自我调节和稳定机制相对较强，没有很长的波动持续期。这一结果符合服务业的内在运行特征，由于服务业生产消费的同时性和服务产品的特殊性，成熟市场经济体下的第三产业波动显著低于宏观经济以及第二产业的波动（Gershuny等，1983；Fuchs，1968）。

第三，p_{ii}的估计值分别为0.957、0.980、0.989和0.982，由于持续期$D_i = 1/(1-p_{ii})$，因此可由转移概率推断出我国服务业景气处于高增长阶段的持续期约为23个月,处于低增长阶段的持续期为50个月,约等于高增长阶段的两倍;高波动阶段的持续期约为56个月,低波动阶段的持续期约为91个月,显著高于高波动阶段。说明在样本期内,我国服务业以低速增长为主,且主要在以低波动为主的"大稳健"时代。

第四,服务业景气指数两个波动区制下的标准差分别为0.025和0.225,存在明显的差异,并且高波动状态下的标准差远高于低波动状态下的标准差,这说明服务业景气指数可划分为低波动区制和高波动区制,且本书对服务业两种波动区制的区分力度较大。

第五,服务业景气指数在低波动区制下的截距项在5%的显著性水平下显著异于零,代表了我国服务业的高增长—低波动(区制一)和低增长—低波动(区制二)阶段。在高波动区制下的两个区制分别表示我国服务业的低增长—高波动(区制三)和高增长—高波动(区制四)阶段。此外,高增长—高波动区制与低增长—高波动区制间的截距项之差显著大于高增长—低波动区制、低增长—低波动区制间的截距项之差,即增长率"缺口";高波动对应的高增长和低增长两个区制下截距项的标准差大于低波动对应的高增长和低增长两个区制下截距项的标准差,这说明服务业景气指数由高波动转向低波动的过程同时伴随着服务业增速的平稳化。

二 我国服务业周期波动的阶段性特征

通过状态变量s_t的滤波估计值,服务业处于低增长阶段的滤波概率由图3-1给出,图3-2描述了服务业景气指数处于高方差即高波动阶段的滤波概率,低增长阶段滤波概率为高波动—低增长和低波动—低增长滤波概率相加,高波动阶段滤波概率为高增长—高波动和低增长—高波动阶段下滤波概率相加。本书参考Chauvet等(2005)

提出的以概率值为 0.65 和 0.35 为分界点的判定准则对服务业增长与波动阶段进行划分：若向前一期服务业在高增长阶段且当期服务业在低增长阶段的概率大于 0.65，可判定当期服务业已进入低增长阶段；若向前一期服务业在低增长阶段且当期服务业在低增长阶段的概率小于 0.35，可判定当期服务业进入高增长阶段；阶段转移后持续期应大于两个月，波动阶段的划分同理。阴影部分表示由以上准则确定的服务业周期阶段。

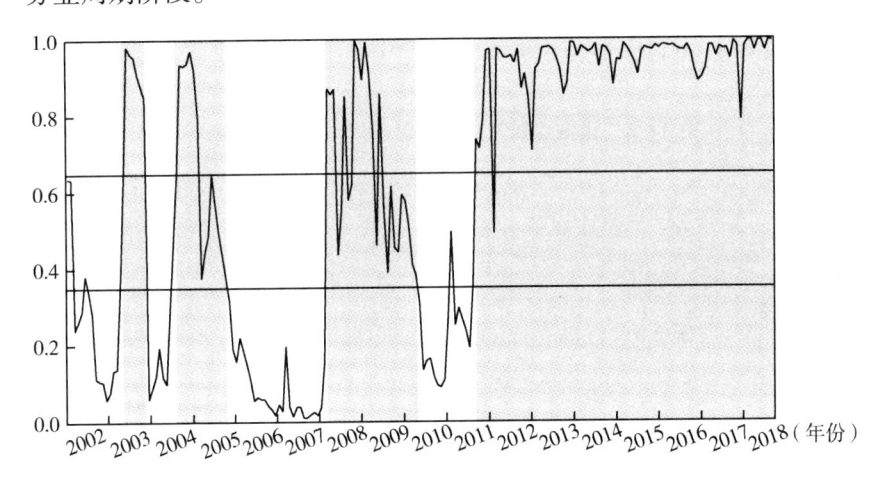

图 3-1 服务业景气处于低增长阶段的滤波概率

阴影部分表示由上述准则确定的服务业周期阶段，图 3-1 显示，我国服务业的低速增长阶段主要有：2003 年 5 月至 2003 年 11 月，2004 年 8 月至 2005 年 10 月，2008 年 3 月至 2010 年 4 月以及 2011 年 9 月至 2018 年 9 月；对应的，我国服务业高速增长阶段为：2002 年 1 月至 2003 年 4 月，2003 年 12 月至 2004 年 7 月，2005 年 11 月至 2008 年 2 月以及 2010 年 5 月至 2011 年 8 月。2002 年 1 月至 2011 年 9 月，服务业景气在高低增速之间的转换比较频繁，此后，服务业保持低速增长阶段至样本期结束。

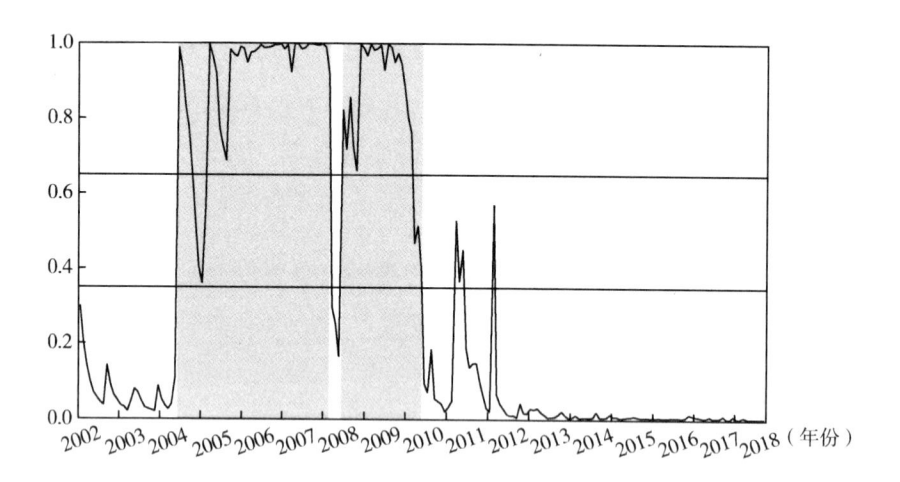

图 3-2 服务业景气处于高波动阶段的滤波概率

图 3-2 显示，我国服务业的高波动阶段主要有：2004 年 6 月至 2008 年 2 月和 2008 年 6 月至 2010 年 5 月；对应的，我国服务业的低波动阶段为：2002 年 1 月至 2004 年 5 月和 2010 年 6 月至 2018 年 9 月。总体上，服务业以低波动状态为主。对比增长阶段转换，服务业波动阶段之间的转换并不频繁，只在 2004 年 6 月和 2010 年 6 月发生了高低波动的转换。

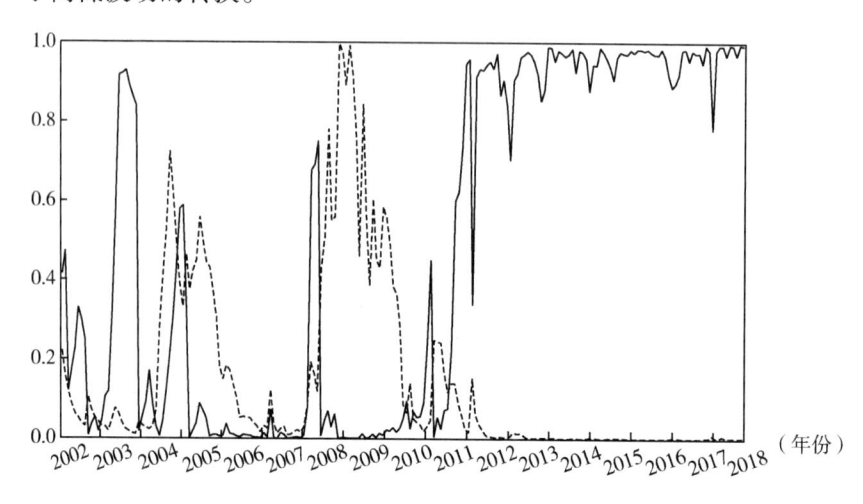

图 3-3 低增长—低波动（实线）和低增长—高波动（虚线）状态的滤波概率

图3-3和图3-4分别给出服务业景气指数在四个区制下的滤波概率。样本期内，我国服务业景气波动以低增长—低波动为主，具体阶段划分结果如表3-2所示。由图3-3、图3-4和表3-2不难发现，服务业景气指数在各阶段的滤波概率具有明显的阶段性特征。

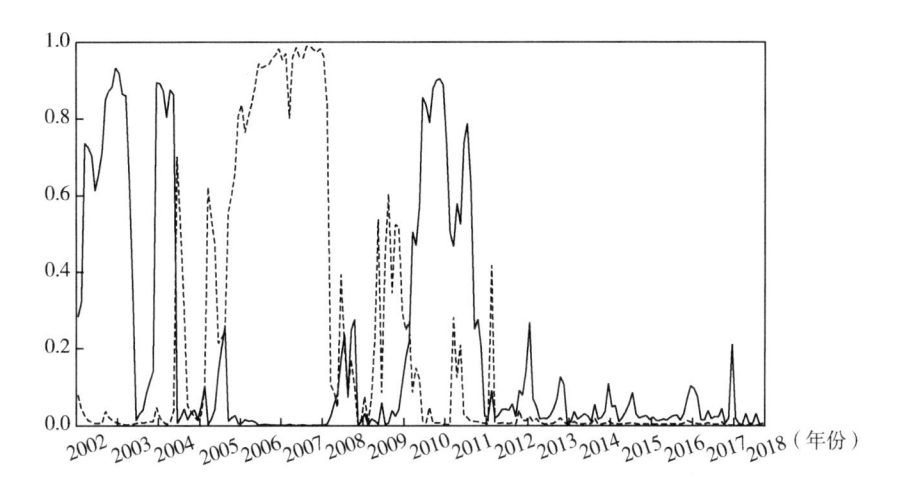

图3-4　高增长—低波动（实线）和高增长—高波动（虚线）状态的滤波概率

表3-2　　　　　　　　　区制划分结果

区制	高增长—低波动	低增长—低波动	低增长—高波动	高增长—高波动
时间	2002年3月—2003年4月	2003年6月—2003年11月	2004年9月—2005年10月	2005年11月—2008年2月
	2003年12月—2004年8月	2011年11月—2018年9月	2008年8月—2010年4月	
	2010年5月—2011年8月			

具体来看，2002年1月至2004年5月我国正处于经济体制转换和市场环境变化的经济增速调整期，2001年年底我国加入WTO，以及2003年起房地产业的快速发展，使我国服务业在高增长—低波动状态下运行，而2003年的SARS事件对服务业各行业都造成一定程度的打

击，服务业增速下滑，进入低增长—低波动阶段。因此，在2002年3月至2004年8月，服务业高增长—低波动和低增长—低波动状态交替出现。

2004年9月至2010年4月，我国服务业在低增长—高波动和高增长—高波动之间交替往复。SARS事件之后，随着宏观经济环境的改善及各服务行业的繁荣，2005年11月至2008年2月，服务业进入高增长—高波动状态并持续了28个月，这是服务业在样本期最长的一次"高增长"阶段，也是唯一一次高增长—高波动阶段。随后，受当时我国宏观调控政策收紧和2008年国际金融危机的影响，服务业景气进入低增长—高波动阶段。

2010年5月至2011年8月，受政府"稳增长"宏观经济调控及服务业的较强的自我调节能力和稳定机制的影响，服务业增速反弹，波动减弱，进入高增长—低波动阶段。2011年11月之后，随着经济刺激计划的负面效果显现，消费品价格上涨、房地产市场泡沫加重，使服务业景气指数增速回落，直到样本期结束一直处于低增长—低波动阶段。

将区制划分结果对应于服务业增加值实际同比增长率数据可以初步判断，在高波动区制下，若服务业增加值实际同比增长率低于13%，则可以判定服务业处于低增长阶段；在低波动区制下，若服务业增加值实际同比增速低于9.5%，则可以判定服务业处于低增长阶段。

三 我国服务业周期波动的区制转移特征

给定参数估计值，结合式（3-9），可以得到不同增长状态和波动状态的联合转移概率矩阵（如表3-3所示）。

表3-3　　　　　　　　　　联合转移概率矩阵

	高增长—低波动	低增长—低波动	低增长—高波动	高增长—高波动
高增长—低波动	0.9465	0.0425	0.0105	0.0005
低增长—低波动	0.0198	0.9692	0.0002	0.0108
低增长—高波动	0.0172	0.0008	0.9398	0.0422
高增长—高波动	0.0004	0.0176	0.0196	0.9624

通过表3-3可知：第一，在高增长区制下，不同波动区制之间的转移概率不具有明显非对称性，高增长—低波动区制转移至高增长—高波动区制的概率（0.0005）和由高增长—高波动区制转移至高增长—低波动区制的概率（0.0004）接近，且前者略大于后者，可以粗略判断服务业在高增长时期更容易伴随着高波动状态。在低增长区制下，不同波动区制之间的转移概率则存在非对称性，由低增长—高波动阶段转向低增长—低波动阶段的概率（0.0008）大于由低增长—低波动阶段转移至低增长—高波动阶段的概率（0.0002），说明服务业处于低增长时期更容易体现出平稳波动的特征。

第二，波动区制相同时，不同增长区制之间的转移概率也存在非对称性。在高波动区制下，由高增长—高波动转移至低增长—高波动的概率（0.0196）显著低于由低增长—高波动转移至高增长—高波动的概率（0.0422），说明服务业在高波动时期更容易出现高增速状态。在低波动区制下，由高增长—低波动向低增长—低波动转移的概率（0.0425）显著高于后者向前者转移的概率（0.0198），说明服务业在低波动时期更容易伴随着低增速特征。

第三，由前两点结论并结合表3-3不难发现，服务业的增长和波动区制之间存在着一致性，高增长更容易伴随高波动，低增长也更容易伴随着低波动。在经济新常态下，我国服务业正处于低增长—低波动的平稳阶段，在低增长—低波动的背景下，维持原有状态的概率

(0.9692)远远高于服务业向高增长—低波动、高增长—高波动和低增长—高波动三个区制转移的概率（分别仅为 0.0198、0.0108 和 0.0002）。这说明我国服务业保持在低增长—低波动阶段的可能性非常高。若服务业的区制状态发生变化，转入高增长—低波动阶段的可能性最大，之后最有可能以 0.9465 的概率维持在原有状态，或者以 0.0425 的概率再次进入低增长—低波动阶段，形成低波动—高增长与低波动—低增长阶段交替出现的波动态势。

表 3-4 列举了基于联合转移概率矩阵和服务业景气指数最后一期（2018 年 9 月）四个区制下的滤波概率计算出来的在未来 6 个月内各区制下的预测概率。结果显示，服务业在未来 1—6 个月处于低增长—低波动下的概率分别为 0.9201，0.8946，⋯，0.8075，说明服务业最有可能保持在低增长—低波动区制下，这与表 3-3 的结论一致。另外，服务业在未来 1—6 个月由低增长—低波动转移至高增长—低波动区制下的概率分别为 0.0597，0.0747，⋯，0.1231，高于转移至其他两个区制的概率。

表 3-4　　　　　　　　　　预测概率

时间＼阶段	高增长—低波动	低增长—低波动	低增长—高波动	高增长—高波动
2018 年 10 月	0.0597	0.9201	0.0014	0.0188
2018 年 11 月	0.0747	0.8946	0.0025	0.0282
2018 年 12 月	0.0885	0.8708	0.0038	0.0369
2019 年 1 月	0.1011	0.8484	0.0054	0.0451
2019 年 2 月	0.1126	0.8273	0.0072	0.0529
2019 年 3 月	0.1231	0.8075	0.0092	0.0602

综上所述，我国服务业波动会以当前低增长—低波动状态做"L"

形底部平稳运行，有可能会出现高增长—低波动与低增长—低波动两种区制状态交替的"W"形波动态势，但这种情况出现的概率并不高，短期内不太可能出现向高增长—高波动状态转移的明显反弹态势。

第四节 本章小结

本章采用四区制的马尔科夫混频动态因子模型从服务业增速高低和波动强弱的双重角度对我国服务业周期的运行特征进行分析，主要结论如下：

第一，中国服务业景气指数高波动的持续性不强，当服务业受到外生冲击时需要约9个月来消除90%以上的影响，说明中国服务业的自我调节和稳定机制相对较强。在样本期内，我国服务业以低速增长为主，且主要在以低波动为主的"大稳健"时代。同时，服务业景气指数由高波动转向低波动的过程伴随着服务业增速的平稳化过程。

第二，服务业景气指数在四个区制状态下的滤波概率显示，我国服务业景气波动多数时间处在以低增长—低波动为主的稳健时期。在2002年2月至2004年8月，服务业高增长—低波动和低增长—低波动状态交替出现。2004年9月至2010年4月，我国服务业在低增长—高波动和高增长—高波动之间交替往复。2011年11月之后至样本期结束的相当长时间内，服务业景气保持在低增长—低波动阶段。对应服务业增加值实际同比增速，在高波动区制下，若服务业增加值实际同比增长率低于13%，则可以判定服务业处于低增长阶段；在低波动区制下，若服务业增加值实际同比增速低于9.5%，则可以判定服务业处于低增长阶段。

第三，服务业的增长和波动区制之间存在着一致性，高增长更容易伴随着高波动，低增长也更容易伴随着低波动。我国服务业波动会以当前低增长—低波动状态做"L"形底部平稳运行,有可能会出现高增长—低波动与低增长—低波动两种区制状态交替的"W"形波动态势,短期内不太可能出现向高增长—高波动状态转移的明显反弹态势。

第四章 生产性服务业多维景气指数构建与周期波动特征分析

第一节 引言

经济失衡的主要原因是主导产业出问题，经济分析不仅要基于总量角度，更应该深入到中观层面，乃至微观层面（周学，2011）。因此，在对服务业总体进行周期监测的同时对服务内部行业进行多维景气监测，可以弥补单纯进行总量周期监测的不足，并完善服务业监测的方法和指标体系。服务业共有15个细分行业，各行业在产业性质、功能以及和经济发展的关系等方面千差万别，具有明显的异质性，其中，批发零售业、金融业、房地产业和交通运输业在服务业中占据主要地位，与人民生活息息相关，且部分行业已经迈入世界前列。值得一提的是，依据《中华人民共和国国民经济和社会发展第十二个五年规划纲要》对服务业的分类，上述四个服务业重点行业中，金融业和交通运输业属于生产性服务业，是主要为生产制造的企业提供服务的一种产业，对这两个行业进行周期监测应是服务业景气研究的重要内容。

监测金融周期波动一直是金融经济研究的重点，多数研究认为金融体系的运行周期对实体经济有重要影响（Claessens等，2012；伊楠和张斌，2016），邓创和徐曼（2018）的研究也发现金融周期包含了未来经济波动的大量有用信息，可作为经济波动的"晴雨表"。金融市场发生剧烈波动或者金融市场的过度繁荣，都会对实体经济造成巨大冲击甚至导致经济危机（Borio，2014）。中国人民银行《2017年第三季度中国货币政策执行报告》中首次提到"金融周期"一词。报告指出，金融周期与经济周期的阶段性同步会放大经济周期的波动幅度，若金融周期与经济周期所处阶段不同步甚至相反，则前者会抵消后者的波动，从而导致宏观调控政策的冲突和失效。监测我国金融周期对把握金融行业的周期波动、促进金融市场健康发展并维护实体经济稳定至关重要。

Layton和Moore（1989）认为服务业生产和消费同时发生，即服务产品具有"非储存性"特点，因而不产生存货。但交通运输业作为服务业的一个分支行业，却与经济存货周期有着密不可分的联系，近乎经济社会中所有的中间产品都通过交通运输业的运送而形成存货周期（Irvine and Schuh，2005）。由于存货变动是影响经济周期的主要因素（Abramovitz，1950），所以交通运输业与存货周期之间的密切联系也体现着交通运输业对宏观经济景气运行的重要性。Ghosh和Wolf（1997）研究了美国的地区冲击和部门冲击对经济周期的重要性，认为交通运输部门与宏观经济地区之间和其他各部门之间的冲击高度相关，因而交通运输业与宏观经济周期在地区和部门间的传播有着关键联系。另外，在NBER公布的21个初始周期指标名单中，交通运输业指标也占有相应的份额。因此，把握交通运输业的景气情况对宏观经济景气研究也具有重要的意义。

生产性服务业是服务经济的重要组成部分，是国民经济的基础性支柱产业，而金融业和交通运输业又是生产性服务业中的重点行业，因此，为对服务业进行多角度多层次的景气监测，做到整体和部分并行，本章将针对金融业和交通运输业构建多维景气指数并分析周期波动特征，完善服务业监测框架。与构建服务业景气指数的思路一致，同样引入相应的季度行业增加值，采用混频动态因子方法，对现有普遍采用同频数据来构建行业景气指数的做法进行更新，从而得到更全面的指数结果。

第二节　金融业景气指数构建与周期波动分析

一　金融业周期研究现状

2008年的国际金融危机对几乎全球范围的经济产生了巨大的冲击，而在金融危机爆发前，无论是从OECD生产函数法得到的危机国产出缺口，还是从菲利普斯曲线推算的通货膨胀水平，都未能及时预见到经济过热的迹象。美国次贷危机的爆发主要是由于房地产市场泡沫的破裂引起信贷环境恶化，而产出缺口和通胀水平都无法直接反映金融深化背景下的宏观经济运行。2008年国际金融危机的爆发暴露了传统的经济周期理论仅重视实体经济因素而忽略金融环境因素对宏观经济的冲击及其扩散影响的缺陷。

国外对金融周期的研究始于20世纪80年代伯南克等对货币"中性论"的批判性研究，此后，对这一问题的集中讨论进一步奠定了金融经济周期理论的基础并建立了相应的理论体系，如Kiyotaki和Moore（1997）以及Bernanke和Gertler（1999）分别采用不同的方法引入金融摩擦因素，由此形成了金融加速器的理论框架。法国中央银行专家组在2001年定义金融周期为"对经济长期均衡有影响的金融变量的真实和持续性的波动"。

2008年国际金融危机之后，对金融周期、金融冲击等问题的激烈讨论，使这类问题形成了一个新的研究方向，即金融经济周期理论。这一领域的研究侧重从经济理论角度分析周期波动的形成原因，研究方法一般采用均衡模型、动态均衡模型、新古典主义模型等。但是，由于不同的理论学派所采用的理论模型不同，不同学派对于金融周期形成机理的解释无法达成共识。

另外，还有不少研究基于数据信息，利用实证模型来分析金融周期的划分与波动，一般采用景气指数或者滤波方法等。国外近年来的研究如 Drehmann 等（2012）针对多个国家的季度信贷/GDP、信贷总量和房地产价格指标采用滤波方法分离并度量样本国家的金融周期；Koop 和 Korobilis（2014）基于 TVP - FAVAR 模型构建了美国的金融状况指数。对中国金融周期的波动研究中，韩艾等（2010）利用广义动态因子模型构建了中国金融周期景气指数，刻画了1999年1月至2008年3月我国金融周期的波动特点。邓创和徐曼（2014）、栾惠德和侯晓霞（2015）分别采用主成分分析法和混频动态因子模型提取金融状况指数。范小云等（2017）、伊楠和张斌（2016）都采用了 B - P 滤波方法来测算中国金融周期，二者区别在于伊楠和张斌（2016）分离了短周期和中周期并从这两个维度来刻画中国的金融周期。朱太辉等（2018）和王博等（2018）分别采用带通滤波方法和不可观测成分时间序列模型，选取金融业相关季度指标对我国金融周期进行测度。以往对金融周期的研究多基于宏观金融周期的概念，考虑与金融市场相关的各类指标，如房地产价格等，而本书基于对服务业内部重点行业的景气监测，主要从行业景气运行的角度对金融周期进行考察，更注重对金融业运行情况的把握。

在众多金融业相关指标中，金融业增加值是能综合反映金融业景气运行情况的指标。但是由于金融业增加值数据按季度定期公布，以上研究金融周期的文献在选择指标时，或放弃金融业增加值所包含的信息，直接选取信贷、股价和房价等相对有代表性的典型月度金融指标，如韩艾等（2010）；或选用金融业增加值这一季度指标来分析金融业季度周期,从而牺牲金融周期监测的时效性,如王博和李昊然(2018)。本书采用混频动态因子方法,综合利用季度金融业增加值指标和其他金融业相关的月度指标,构建金融业月度景气指数来刻画我国的金融周期,既充分利用了时效性较强的月度指标所包含的信息,又纳入了金融业增加值所包含的更完整丰富的信息,从而对我国金融周期的监测更具时效性和准确性。

二 指标选取与处理

本书收集了与金融业相关的各项经济指标130多个,以金融业增加值实际同比增长率作为基准指标,利用时差相关分析、K-L信息量等多种方法进行筛选,指标筛选过程与处理方法与前文一致,最后得到与金融业景气波动最相关的6个一致指标(如表4-1所示)。受限于所选指标的样本长度,本书分析区间为2002年1月至2018年9月。

金融业增加值是反映行业总体运行情况的最重要指标,因此将该指标实际同比增长率作为筛选一致指标的基准指标。其他5个一致指标的筛选综合了一致指标的经济意义和一致指标与基准指标的一致特性,从信贷、货币、股票和预期四个方面进行选取。金融机构本外币各项存款同比增长率从资金来源的角度代表金融机构的信贷收支情况;银行间人民币市场成交金额同比增长率从银行间同业拆借交易角度来表示国内货币市场的景气情况;股票日均成交金额同比增长率为代表股票市场流动性的总体指标;股票市场境内筹资金额同比增长率代表了股票发行筹集资金情况,影响该指标变动的因素主要有两个,一是市场资金宽松程度,二是监管对融资管制的放松程度;投资者信心指数代表证券投资者的预期,该指数来自中国证券投资者保护基金公司,包括"投资者信心指数:总指数"、"投资者信心指数:国内经济基本面"、"投资者信心指数：国内经济政策"等9个指数，本书选取了基于国内经济政策的投资者信心指数，一方面由于金融业稳定运行与经济政策密切相关，另一方面该指数与金融业增加值具有较高的一致性。

表4-1　　　　　　　　　　　　金融业一致指标

变量	频率	符号	样本区间	时差相关系数	滞后期
金融业增加值实际同比增长率	季度	FINAV	2002年3月—2018年9月		
金融机构本外币各项存款同比增长率	月度	FILFD	2005年12月—2018年9月	0.45	0
银行间人民币市场成交金额同比增长率	月度	RMBMTV	2003年5月—2018年9月	0.63	1
股票日均成交金额同比增长率	月度	ADTVS	2002年1月—2018年9月	0.73	0
股票市场境内筹资金额同比增长率	月度	DFASM	2004年1月—2018年9月	0.61	1
投资者信心指数：国内经济政策	月度	DEPI	2008年4月—2018年9月	0.74	-1

资料来源：万得数据库，https://www.wind.com.cn/newsite/edb.html；中经网统计数据库，http://db.cei.cn.

以上6个一致指标，除金融业增加值实际同比增长率与投资者信心指数外，均没有官方公布的同比增长率数据，因此本书用指标的水平值推算其同比增长率。对于指标中出现的异常值数据，在这里也作为缺失值。对缺失值的处理方式与前文一致，即分别事先采用插值法填补和直接将缺失的数据在状态空间模型中进行估算两种办法。实际估计结果显示，这两种处理方式得到的金融业景气指数几乎完全相同。与前文一致，金融业一致指标也未进行季节调整。

与前文一致，本节模型构建时也将滞后阶数设定为1，对所有指标进行了标准化处理，并对因子载荷矩阵施加约束条件：对应于金融业增加值实际同比增长率的因子载荷为1。

三 金融业景气指数估计结果及周期性波动特征分析

（一）金融业景气指数的估计结果

金融业景气指数的估计结果显示，本书提取的金融业景气指数和标准化金融业增加值实际同比增长率的整体趋势和波动幅度一致性较好，主要的峰谷点基本重合（见图4-1）。

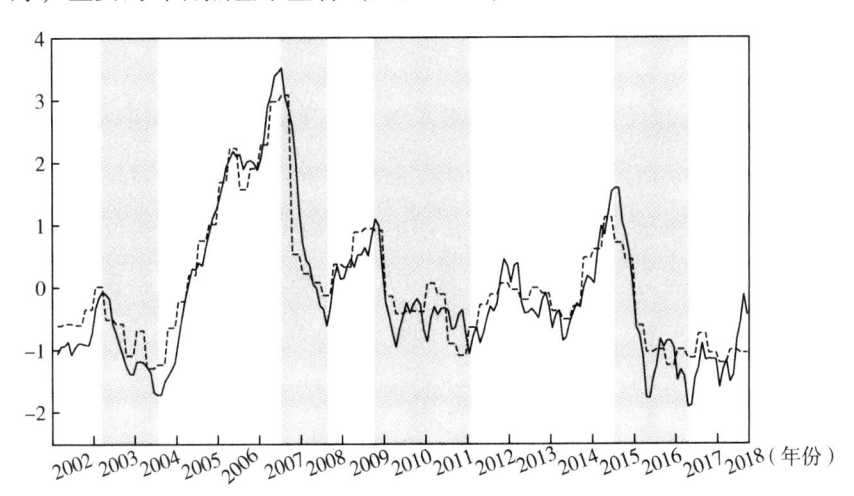

图4-1 金融业景气指数（实线）与标准化金融业增加值实际同比增长率（虚线）

表4-2为模型参数估计结果，其中，β对应各一致指标的因子载荷，可作为判断各一致指标对共同因子提取贡献程度的依据；φ_f和φ_u分别为共同因子和异质性成分的自回归系数；σ_u表示异质性成分的标准差；L为模型的对数似然值。

表4-2　　　　金融业混频动态因子模型参数估计结果

	FINAV	FILFD	RMBMTV	ADTVS	DFASM	DEPI
β	1	1.11 *** (0.179)	0.37 ** (0.016)	1.59 *** (0.18)	0.32 ** (0.131)	0.79 *** (0.148)

续表

	FINAV	FILFD	RMBMTV	ADTVS	DFASM	DEPI
φ_u	0.788 *** (0.038)	0.694 *** (0.016)	0.527 *** (0.032)	0.88 *** (0.045)	0.86 *** (0.062)	0.516 *** (0.021)
σ_u	0.137 *** (0.032)	0.231 *** (0.024)	0.88 *** (0.018)	0.354 *** (0.036)	0.90 *** (0.0164)	0.179 *** (0.017)
φ_f	\multicolumn{6}{c}{0.93 (0.0018) ***}
L	\multicolumn{6}{c}{−1629.8}

注：括号内为参数对应的标准差；**、*** 分别表示在5%、1%的显著性水平下拒绝参数不显著的原假设。

模型参数估计结果显示，所有参数均显著，除基准指标外，金融业景气指数在金融机构本外币各项存款同比增长率、股票日均成交金额同比增长率和投资者信心指数：国内经济政策3个指标的因子载荷明显占优，分别为1.11、1.59和0.79，说明构建的金融业景气指数受这3个指标和金融业增加值实际同比增长率的影响较大。而银行间人民币市场成交金额同比增长率和股票市场境内筹资金额同比增长率的因子载荷相对较低，仅分别为0.37和0.32。从时差相关系数上看，这两个指标都是相对基准指标有所滞后的，且银行间人民币市场成交金额同比增长率和股票市场境内筹资金额同比增长率的异质性成分分别为0.88和0.90，明显高于其他指标的波动性，由此降低了上述指标对金融业景气指数提取的贡献程度。

本书计算了各个一致指标与所提取的金融业景气指数的相关系数。作为基准指标，金融业增加值实际同比增长率与金融业景气指数的相关系数为0.91，存在极强相关性；股票日均成交金额同比增长率和"投资者信心指数：国内经济政策"与金融业景气指数的相关系数分别为0.67和0.60，存在强相关关系；股票市场境内筹资金额同比增长率、银行间人民币市场成交金额同比增长率和金融机构本外币各项存款同比增长率与金融业景气指数相关系数分别为0.58、0.54和

0.44，为中等强度相关。这与指标筛选的时差相关系数排序结果基本一致。

(二) 我国金融业周期判别及波动特征分析

本书在测定金融周期时，结合金融业的波动特征与经济周期类型的划分，提出了针对金融周期的判别准则，并从实证角度严格区分了金融业景气周期与金融业短期波动的概念和判断标准。

金融业短周期的识别准则：(1) 每个上涨或下降的周期阶段持续至少9个月；(2) 一个完整的谷—谷周期至少持续30个月；中周期的识别准则：(1) 每个上涨或下降的周期阶段至少持续18个月；(2) 一个完整的谷—谷周期至少持续60个月。另外，将满足B－B准则但不满足金融周期标准的一个循环视为金融业短期波动。根据以上的判别标准，金融周期的定义要比金融业短期波动更为严格，一个金融周期内可包含多个金融业短期波动。

表4－3给出了金融业景气指数峰谷转折点的测定结果，收缩期在图4－1中由阴影部分标出。综合图4－1和表4－3，根据本书提出的金融周期识别准则，2002年1月至2018年9月的样本期间，金融业增长共经历了三轮"谷—谷"的景气周期。2004年7月至2008年8月的第一轮金融周期持续了49个月，其中，扩张期（2004年8月至2007年7月）为36个月，收缩期（2007年8月至2008年8月）为13个月，属于典型的长扩张型周期。2008年8月至2012年1月的第二轮短周期的长度为41个月，其扩张期（2008年9月至2009年10月）为14个月，收缩期（2009年11月至2012年1月）为27个月，属于长收缩型周期。前两轮金融短周期可看作一轮金融中周期，其中，中周期的扩张期为2004年8月至2007年7月，共36个月；收缩期为2007年8月至2012年1月，共54个月。2012年1月至2017年4月的第三轮金融周期长度为63个月，其扩张期为42个月，收缩期为21个

月，满足中周期的判别条件，且属于长扩张周期。综上所述，样本期内金融业景气指数先后经历了两轮持续期，分别为49个月和41个月的短周期以及一轮持续期为63个月的中周期，2017年5月开始，金融业景气指数呈现出小幅波动型上升趋势，未来走势仍需进一步监测。

表 4-3　　　　　　　　金融业景气指数峰谷转折点结果

波谷	波峰	周期持续期（月）
	2003 年 3 月	
2004 年 7 月	**2007 年 7 月**	
2008 年 8 月	**2009 年 10 月**	49
2012 年 1 月	2012 年 11 月	41
2014 年 4 月	**2015 年 7 月**	
2017 年 4 月		63

注：持续期按相邻两个波谷之间间隔时间计算。由本书提出的金融周期判别准则识别出的转折点在表 4-3 中加粗表示，未加粗的转折点表示由 B-B 法确定的金融业短期波动，仅作参考。

根据转折点的测定结果，本书对金融周期的主要波动特征进行测算，相关特征指标见表 4-4。总体上看，样本期内金融业景气波动的平均周期长度约为51个月，其中景气扩张阶段的平均持续期为31个月，景气收缩阶段的平均持续期为20个月；平均上涨概率（0.6）大于平均下降概率（0.4）；平均上涨速度（每月0.1个指数点）小于平均下降速度（每月0.16个指数点），整体呈现以扩张期为主导的"缓增速降"型非对称周期特征。

表 4-4　　　　　　　　金融业周期波动特征指标

测量指标	2002 年 1 月—2018 年 9 月	2004 年 7 月—2008 年 8 月	2008 年 8 月—2012 年 1 月	2004 年 7 月—2012 年 1 月	2012 年 1 月—2017 年 4 月
平均上涨概率	0.6	0.73	0.34	0.4	0.67

续表

测量指标	2002年1月—2018年9月	2004年7月—2008年8月	2008年8月—2012年1月	2004年7月—2012年1月	2012年1月—2017年4月
上涨阶段（平均）持续期（月）	31	36	14	36	42
上涨阶段平均振幅	3.21	5.24	1.83	5.24	2.56
上涨速度（指数点/月）	0.1	0.15	0.13	0.15	0.06
平均下降概率	0.4	0.27	0.66	0.6	0.33
下降阶段（平均）持续期（月）	20	13	27	54	21
下降阶段平均振幅	3.33	4.11	2.14	4.52	3.47
下降速度（指数点/月）	0.16	0.32	0.08	0.08	0.17
平均位势	0.43	1.34	0.15	0.53	-0.18
波动率	0.96	1.2	0.42	1.05	0.66

注：1. 2002年1月—2018年9月的周期特征是针对样本期间三个完整金融周期平均测算的结果。

2. 平均上涨（下降）概率是上涨（下降）阶段平均持续期与相应的周期长度之比。

3. 上涨（下降）速度是上涨（下降）阶段平均振幅与相应的平均持续期之比。

4. 波动率为指数标准差。

从各轮金融周期的波动特征来看，样本期内第一轮金融周期（2004年7月至2008年8月）上涨阶段的波动幅度（5.24）大于下降阶段的波动幅度（4.11）；周期下降速度（每月0.32个指数点）显著高于周期上涨速度（每月0.15个指数点），呈现出以扩张期为主的典型"缓增速降"型的周期形态。国际金融危机之后的第二轮金融周期（2008年8月至2012年1月）与前一轮周期相比，波动幅度、波动率和平均位势都显著减小；周期上涨阶段波动幅度（1.83）小于下降阶段的波动幅度（2.14），周期下降速度（每月0.08个指数点）低于上涨速度（每月0.13个指数点），显示出以收缩期为主导的"急增缓降"非对称形态。

第三轮金融周期（2012年1月至2017年4月）形态与第一轮短周期较为相似，均为长扩张周期并具有"缓增速降"型非对称周期特征，但在波动幅度上体现为下降振幅（3.47）大于上涨振幅（2.56），周期下降速度（每月0.17个指数点）显著大于周期上涨速度（每月0.06个指数点）。国际金融危机之后的两轮周期均表现为下降振幅更大的非对称周期特征，且平均位势逐渐降低。此外，第三轮金融中周期内包括了两次金融业的短期波动，分别为2012年1月至2014年4月和2014年4月至2017年4月，持续期分别为27个月和36个月。从图4-1中不难发现，第三轮金融中周期内的第一次短期波动的形态与第二轮金融短周期比较相似，同为短扩张型，且波动幅度较小；第二次短期波动的形态与上一次短期波动同为短扩张型周期波动，但周期振幅和波动率有所扩大。

若按照中周期阶段判别准则，样本期内金融业景气指数可划分为两轮中周期，即2004年7月至2012年1月与2012年1月至2014年4月。总体上，样本期内中周期的平均周期长度为76.5个月，上涨阶段平均持续期为39个月，下降阶段平均持续期为37.5个月。平均上涨概率（0.51）略微高于平均下降概率（0.49），平均上涨速度（每月0.10指数点）略小于平均下降速度（每月0.11指数点），不存在明显的非对称周期特征。

对比经济新常态时期前后的两轮金融业中周期不难发现，2012年之前的金融业中周期呈现收缩期占主导的"急增缓降"型非对称周期特征，且周期上涨阶段振幅大于周期下降阶段振幅；2012年之后的金融业中周期显示出以扩张期占主导的"缓增速降"型非对称周期特征，且周期上涨阶段振幅小于周期下降阶段。此外，2012年之后，随着经济进入新常态时期，金融业景气指数的平均位势、振幅和波动率相比前一轮金融业中周期都有所降低。综上所述，从中周期整体上看，2012年经济之后，金融业景气指数波幅减小，运行态势低位平稳，表现出与此前金融中周期不同的新特征。

（三）金融业景气波动的历史考查

2002 年开始，外汇占款的大幅提高使货币市场持续扩张，由此形成了拉动金融业景气上升的主要力量，而货币市场派生引起的贷款增加又对信贷市场起到了推动作用，也成为进一步拉动金融业景气上升的重要原因。2003 年 3 月开始，由于股票市场持续低迷、企业融资困难，加之 2003 年 4 月 "SARS" 疫情的暴发而引发证券市场行情回落，金融业景气指数经历了 13 个月的下降期，于 2004 年 7 月到达样本期内第一轮金融短周期的起始谷点。

2004 年 8 月之后，我国持续的贸易顺差提高了金融系统的流动性并推动货币市场的扩张，加之我国经济高速增长带来企业的高投资回报率，尤其是房地产市场的繁荣推动金融机构贷款的扩张，促进了信贷市场的扩张，金融周期迎来了长达 36 个月的景气上升阶段，在 2007 年 7 月到达本轮金融周期的峰点。随着金融业景气不断扩张，我国货币政策逐步由"稳健"转为"从紧"，一方面，当局在 2007 年间先后 10 次上调金融机构人民币存款准备金率共计 5.5 个百分点，同时 6 次上调人民币存款准备金率；另一方面，利用公开市场操作工具回笼货币。这一系列从紧的货币政策抑制了金融业景气的扩张，加之当时我国经济增长对外部需求存在过度依赖，而国际金融危机对国内经济的影响已经凸显，金融业相关指标开始回落，银行信贷和社会融资规模增速减缓。在双重压力之下，在 2008 年 8 月我国金融业景气下降至谷点。

由于中国经济增速在国际金融危机冲击下迅速回落，政府于 2008 年 11 月推出了应对国际金融危机的一揽子计划，随后地方政府也通过基础设施建设扩大需求。银行信贷在短期内的扩张，使银行业的风险偏好在危机期间不降反升，信托和基金等金融部门的信贷逆周期增长，使金融周期迎来了 2008 年 8 月至 2009 年 10 月为期 14 个月的景气上升期。然而，在一揽子经济刺激计划结束后，随着中国传统经济金融的粗放式发展所积累的各种矛盾开始集中显现，固定资产投资和房地产价格增速回落，房地产行业整体呈现出低迷状态，由此导致了信贷增速的整体放缓，使金融周期经历了长达27个月的金融业景气上升至2012年1月。

随着国际金融危机对经济造成的影响逐渐消退，中国金融进入了良性发展区间。2012年2月，中国金融周期进入第三轮金融业景气上升时期。这一时期是中国金融市场改革的重要阶段，贷款利率下限松绑、人民币市场化进程加快、金融创新品种增加、银行业国际化步伐不断加快、保险资金运用市场化改革加速进行，这都表明中国金融市场改革进程的快速推进。但10个月的上升之后，金融业景气指数在2012年12月转而下行。随着2013年年初国家对房地产市场调控持续收紧，股票市场反应剧烈，沪深股指暴跌，上证综合指数下跌3.65%，深证成分指数下跌5.29%。同年4月，受席卷固定收益市场的债市黑金风暴的影响，中国债券市场受到了重大的冲击。金融市场开始出现"钱荒"，大盘跳空低开低走，国债逆回购放量拉高，同时银行信贷和社会融资规模增速放缓。受上述情况的影响，金融业景气上升至2014年4月。2014年下半年，随着互联网金融的飞速发展，以互联网支付、余额宝等为代表的多样业务模式和运行机制弥补了传统模式下金融业务的空白领域。同年9月，中国人民银行创设了中期借贷便利，对符合宏观审慎管理要求的金融机构提供中期基础货币，促进降低社会融资成本。金融业景气指数一路上升至2015年7月后开始下行，受2016年房地产市场政策收紧、热点城市限购限贷的影响，银行和房地产开发企业的风险偏好下降，金融业景气指数回落至2017年4月的谷点。随后，金融业景气指数显现出回升态势，逐渐呈现出平稳波动的形态。

（四）中国金融周期与宏观经济周期

为分析金融周期与宏观经济周期的关系，图4-2中以标准化的GDP实际同比增速表示中国的经济周期变量，并将其与本书构建的金融业景气指数进行对比。总体上，通过样本期内标准化GDP实际同比增长率的峰谷点可以判断宏观经济共经历了两轮周期，平均周期长度约70.5个月，平均扩张期约21个月，平均收缩期约49.5个月。结合前文金融周期的波动特征我们发现，与经济周期相比，金融周期平均持续期较短，但波幅更大；考察期内金融周期以扩张期为主导，经济周期以收缩期为主导，金融周期的平均扩张概率大于经济周期。金融业景气指数与标准化GDP实际同比增长率之间的时差相关系数结果显示，金融周期先行于经济周期约3个月，说明金融周期包含未来短期产出的信息。

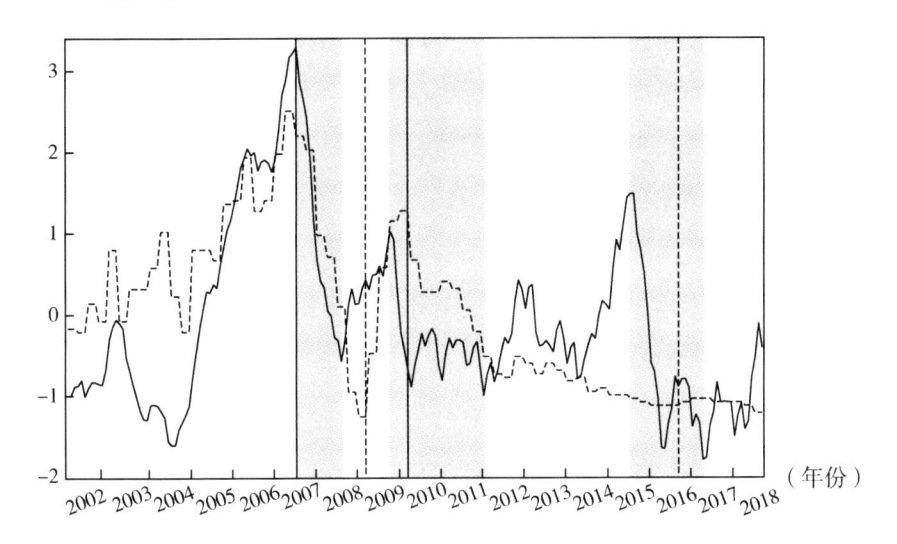

图4-2 金融业景气指数（实线）与标准化GDP实际同比增长率（虚线）

注：图中阴影部分表示金融业景气指数的收缩阶段，垂直实线表示标准化GDP实际同比增长率序列波峰，垂直虚线表示标准化GDP实际同比增长率序列波谷，实线到虚线之间的区间表示标准化GDP实际同比增长率所代表宏观经济周期的收缩阶段。

以2008年国际金融危机时期为界，国际金融危机前的金融业景气指数与标准化GDP增速序列的周期波动特征相似，均呈现长扩张型的"缓增速降"周期特征。金融周期的第一个谷点先行于经济周期对应的谷点约 5 个月，随后二者的波峰几乎同时出现。金融周期的第二个谷点先行于经济周期对应的谷点约 7 个月，且经济周期的谷点比金融周期的谷点更深，位势更低。这与金融周期理论相符合，当金融周期与经济周期同步时，经济扩张或收缩的幅度都会被放大，金融业景气下行会导致或者加剧经济下行的幅度、延长收缩期的持续时间。

在 2008 年国际金融危机后，金融周期与经济周期的波动特征出现了明显的差异。金融业景气指数经历了两轮周期，而标准化 GDP 实际同比增长率在这期间经历了一轮完整的周期，波动特征与第二轮金融周期类似，呈现以收缩期为主导的"急增缓降"特征。金融周期的第二个波峰先行于经济周期第二个波峰约 5 个月，而金融周期的收缩期在持续期和下降幅度上都小于经济周期。

根据陈磊和孔宪丽（2007）的经济周期转折点判别方法，标准化 GDP 增长率在 2010 年 1 季度至 2016 年 3 季度都处在周期收缩阶段。其中，标准化 GDP 增长率在 2012 年 3 季度至 4 季度出现了一组振幅非常小的波动，在此之后，尤其是 2014 年至 2016 年，金融周期与经济周期的转折点的对应情况发生偏离，经济景气持续下行，但速度显著减缓，平稳回落，体现出经济新常态的周期微波化特征，而金融周期在这一期间仍然有明显的周期扩张和收缩阶段。2016 年后，金融周期在也逐渐呈现出波幅减小的波动态势。

第三节 交通运输业景气指数构建与周期波动分析

一 交通运输业周期研究现状

我国交通运输业近年来发展迅猛，2018 年，我国高速铁路里程、高速公路里程、快递业务规模等已远超其他国家，稳居世界第一，对拉动经济增长起到重要作用。交通运输业在促进经济资源和经济活动在部门间和地区间的便利流通发挥着重要的作用。图 4-3 为 Lahiri 和 Yao（2006）阐述的交通运输系统在产品的生产和流通环节中所扮演的角色，从图中可以看出工业部门的产品生产、销售以及人民生活都离不开交通运输业。

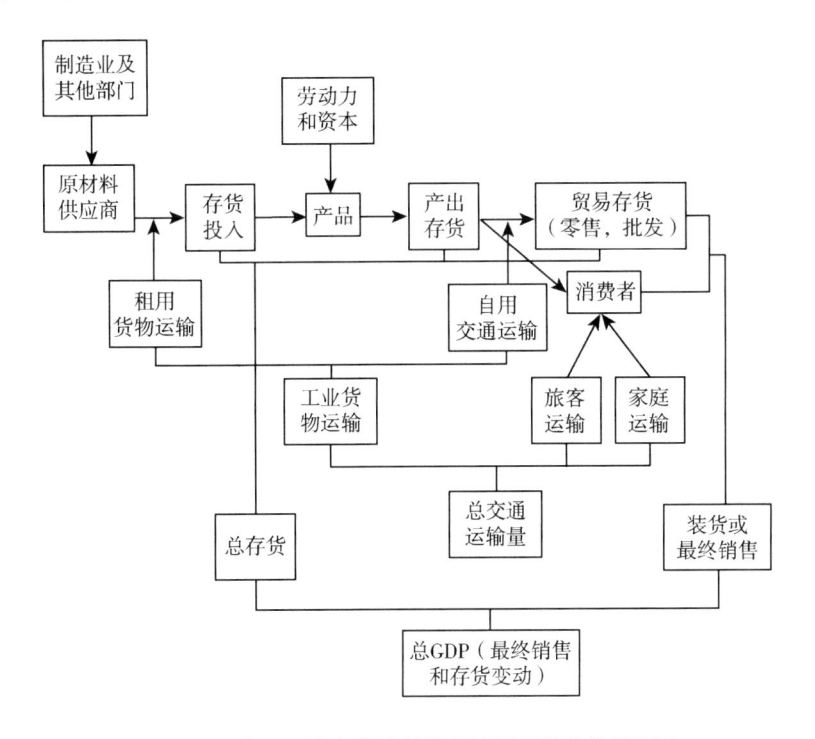

图 4-3 交通运输在产品制造和流通环节的作用图示

国外对交通运输业景气周期的研究较早，以 Lahiri 为代表的多位学者对交通运输业景气指数方法应用、周期特征以及与宏观经济周期的关系方面进行了大量深入的研究。Lahiri 等（2003a）分别用链式 Laspeyres 指数和 Fisher 理想指数方法构建了美国交通运输行业的月度产量指数。该指数分别从货物运输和旅客运输两个角度提取了 8 个一致指标，结论发现交通运输产量指数的货物运输部分占据主导地位。之后Lahiri和Yao（2004a）发现交通运输业与宏观经济的周期特征存在较明显的对应关系，认为交通运输业具有预测宏观经济的潜力。Lahiri和Yao（2003b）、Lahiri等（2004b）用动态因子模型构建了美国交通运输行业的景气指数，并分析交通运输业景气周期和宏观经济景气周期的关系。Lahiri和Yao（2006）使用NBER合成指数方法和动态因子方法分别构建交通运输行业的景气指数，并结合景气指数讨论了美国交通运输行业的古典周期和增长率周期。

我国对交通运输行业研究相对分散，王晓红（2003）曾对我国交通运输价格指数编制方法进行初步探究。张国华等（2001）、余思勤和周正柱（2003）用景气信号预警系统分别对我国航运市场和铁路运输市场进行景气监测。魏众等（2006）通过计算我国物流运输扩散指数和物流运输综合指数来把握物流运输市场的景气情况。曹锦文（2011）构建我国公路货运的扩散指数和合成指数。王建伟等（2012）参考Lahiri等（2003a）的Fisher理想指数方法计算了我国货运服务指数、客运服务指数以及运输服务指数。周德全等（2015）构建中国航运的先行、一致和滞后指数并建立了中国航运景气监测预警指标体系。赵陈诗卉等（2016）构建了铁路货运市场景气指数，并将其与铁路货运增量进行对比。陈建华等（2017）筛选出交通运输业的先行指标并对交通运输业进行短期的景气预测。黄辉（2018）编制了我国"一带一路"交通运输指数。

国内对于交通运输行业景气研究中，少见对交通运输业整体景气情况把握的文章。国外一些研究交通运输业周期的文献中，普遍选择月度的货运量作为基准指标，结合客运量和货物周转量等行业相关的月度指标来构建交通运输行业的景气指数，交通运输业增加值因频率较低一直未被采用。而值得指出的是，在现有宏观经济周期分析中，产出是景气指数框架中最重要的一致指标（Lahiri 等，2003a）。因此，与前文一致，本书采用混频动态因子模型，将交通运输、仓储和邮政业增加值纳入到景气分析框架中，构建我国交通运输行业景气指数以把握交通运输业的周期特征及运行态势。

二 指标选取和处理

本书收集了与交通运输业和宏观经济相关的各项经济指标 90 多个，以交通运输、仓储和邮政业增加值实际同比增长率序列作为基准指标，利用时差相关分析、K-L 信息量等多种方法进行筛选。指标筛选过程与处理方法与前文一致，最后得到与交通运输业景气波动最相关的 6 个指标（如表 4-5 所示）。

表 4-5　　　　　　　　　　交通运输业一致指标

变量	频率	符号	样本区间	时差相关系数	滞后期（月）
交通运输、仓储和邮政业增加值实际同比增长率	季度	TRAAV	2000年3月—2018年9月		
旅客周转量同比增长率	月度	PT	2000年1月—2018年9月	0.59	1
货物周转量同比增长率	月度	FT	2000年1月—2018年9月	0.83	0
全国主要港口货物吞吐量同比增长率	月度	PCT	2001年2月—2018年9月	0.73	0
全国社会物流总额同比增长率	月度	STL	2008年3月—2018年9月	0.81	0
企业家信心指数：交通运输、仓储和邮政业	季度	ECI	2001年3月—2018年9月	0.81	0

资料来源：万得数据库，https://www.wind.com.cn/newsite/edb.html；中经网统计数据库，http://db.cei.cn。

交通运输业增加值是反映交通运输业总体运行情况的最重要指标，由于国家统计局未单独公布交通运输业的季度增加值数据，因此本文以交通运输、仓储和邮政业增加值实际同比增长率作为基准指标。旅客周转量同比增长率、货物周转量同比增长率以及全国主要港口货物吞吐量同比增长率分别从旅客运输、货物运输和港口货运三个角度反映交通运输业的运行情况。由于物流业与交通运输业休戚相关，交通运输是物流的核心环节，物流业的繁荣也为促进交通运输业发展提供了良好环境，因此本书选取全国社会物流总额同比增长率作为交通运输的一致指标。"企业家信心指数：交通运输、仓储和邮政业"是根据企业家对外部市场经济环境与宏观政策的认识、看法、判断与预期而编制的一种调查指数，用以综合反映企业家对行业运行情况的预期与信心，对企业决策及未来行业景气有重要影响。如表4-5所示，除旅客周转量以外，其他4个一致指标与基准指标的时差相关系数均在0.7以上。

以上6个交通运输业一致指标中，交通运输、仓储和邮政业增加值选用国家统计局发布的当季实际同比增长率数据，考虑到数据的长度与可得性，全国主要港口货物吞吐量和全国社会物流总额采用官方发布的累计同比数据，旅客周转量和货物周转量两个指标则通过水平值推算其同比增长率。与前文一致，将指标中包含的异常值作为缺失值，数据未进行季节调整。本书对缺失值采取了两种处理方式，即事先采用插值法填补和直接将缺失的数据在状态空间模型中进行估算。实际估计结果显示，这两种处理方式得到的交通运输业景气指数几乎完全相同。

与前文一致，本节模型构建时也将滞后阶数设定为1，对所有指标进行了标准化处理，并对因子载荷矩阵施加约束条件：对应于交通运输、仓储和邮政业增加值实际同比增长率的因子载荷为1。

三 交通运输业景气指数估计结果及周期性波动特征分析

（一）交通运输业景气指数

图4-4结果显示，本书提取的交通运输业景气指数和标准化交通运输、仓储和邮政业增加值实际同比增长率的整体趋势和波动幅度一致性较好，主要峰谷点基本重合，可作为监测交通运输业景气情况的参考。

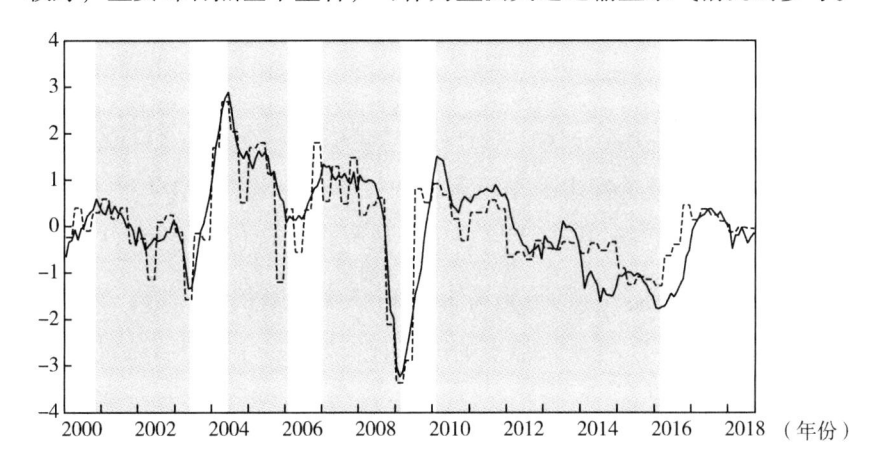

图4-4 交通运输业景气指数（实线）与标准化交通运输、仓储和邮政业增加值实际同比增长率（虚线）

表4-6为模型估计结果，其中，β对应各一致指标的因子载荷，可作为判断各一致指标对共同因子提取贡献程度的依据；φ_f和φ_u分别为共同因子和异质性成分的自回归系数；σ_u表示异质性成分的标准差；L为模型的对数似然值。

表4-6 交通运输业混频动态因子模型参数估计结果

	TRAAV	PT	FT	PCT	STL	ECI
β	1	0.44 * (0.251)	1.21 *** (0.198)	0.92 *** (0.085)	1.42 *** (0.192)	1.36 *** (0.086)

续表

	TRAAV	PT	FT	PCT	STL	ECI
φ_u	0.84*** (0.041)	0.76*** (0.032)	0.78*** (0.062)	0.86*** (0.025)	0.903*** (0.021)	0.812*** (0.033)
σ_u	0.095*** (0.027)	0.436*** (0.018)	0.25*** (0.023)	0.142*** (0.027)	0.065* (0.034)	0.057*** (0.021)
φ_f	0.92 (0.021)***					
L	1109.6					

注：括号内为参数对应的标准差；*、***分别表示在10%、1%的显著性水平下拒绝参数不显著的原假设。

模型估计结果显示，除了旅客周转量因子载荷和全国社会物流总额标准差在10%显著性水平上显著以外，所有参数均在1%显著性水平下显著，除基准指标外，交通运输业景气指数在货物周转量同比增长率、全国社会物流总额同比增长率和"企业家信心指数：交通运输、仓储和邮政业"三个指标上的因子载荷较高，分别为1.21、1.42和1.36，全国主要港口货物吞吐量同比增长率次之，因子载荷为0.92，而旅客周转量同比增长率的因子载荷仅为0.44，该指标对提取交通运输业景气指数的贡献较弱，而这一情况在时差相关系数中也不难发现，说明客运行业对交通运输业景气的作用并不明显，货运是影响交通运输行业周期波动的重要因素，这与Lahiri等（2003a）的结论一致。

本书计算了各个一致指标与所提取的交通运输业景气指数的person相关系数。作为基准指标，交通运输、仓储和邮政业增加值实际同比增长率与交通运输业景气指数的相关系数为0.86，存在极强相关性，同样与交通运输业景气指数存在极强相关性的指标还有"企业家信心指数：交通运输、仓储和邮政业"和全国社会物流总额同比增长率，person相关系数分别为0.81和0.85；货物周转量同比增长率和全国主要港口货物吞吐量同比增长率与交通运输业景气指数的person相关系数分别为0.6和0.68，存在强相关关系；旅客周转量同比增长率与交通运输业景气指数的 person 相关系数为 0.53，为中等强度相关，这与指标筛选的结果基本一致。

（二）我国交通运输业周期判别及波动特征分析

考虑交通运输业自身的周期波动特征，本书结合交通运输业的波动特征与经济周期类型的划分，提出了针对交通运输业景气的一套周期判别准则，并严格区分了交通运输业景气周期与交通运输业短期波动的概念和判断标准。交通运输业短周期的判别准则：（1）每个上涨或下降的周期阶段持续至少 9 个月；（2）一个完整的谷—谷周期至少持续 30 个月。中周期的识别准则：（1）每个上涨或下降的周期阶段至少持续 12 个月；（2）一个完整的谷—谷周期至少持续 60 个月。另外，将满足 B-B 准则但不满足交通运输业周期标准的一个循环视为交通运输业短期波动。根据以上的判别标准，交通运输业周期的定义要比交通运输业短期波动的更为严格，一个交通运输业周期内可包含多个交通运输业短期波动。

表 4-7 列举了交通运输业景气指数的谷点信息，收缩区间在图 4-4 中以阴影部分表示。综合图 4-4 和表 4-7 结果，根据本书提出的交通运输业周期判别准则，在 2000 年 1 月至 2018 年 9 月，交通运输业共经历了三轮谷—谷的景气周期。2003 年 5 月至 2006 年 1 月的第一轮交通运输业周期持续了 32 个月，其中，扩张期（2003 年 6 月至 2004 年 6 月）13 个月，收缩期（2004 年 7 月至 2006 年 1 月）19 个月，属于长收缩型周期。2006 年 1 月至 2009 年 2 月的第二轮交通运输业周期持续期为 37 个月，其中，扩张期（2006 年 2 月至 2007 年 1 月）12 个月，收缩期（2007 年 2 月至 2009 年 2 月）25 个月，属于典型的长收缩型周期。另外，将第一、第二轮短周期合并后，形成 2003 年 5 月至 2009 年 2 月的一轮长度为 69 个月的中周期，扩张期（2003 年 6 月至 2004 年 6 月）13 个月，收缩期（2004 年 7 月至 2009 年 2

月）56个月。2009年2月至2016年2月的第三轮交通运输业周期持续期为84个月，其中，扩张期（2009年3月至2010年2月）12个月，收缩期（2010年3月至2016年2月）72个月，同样为长收缩型周期，且持续期长度满足中周期的判别条件。

表4-7　　　　　　　　交通运输业景气指数转折点结果

波谷	波峰	持续期（月）
	2000年11月	
2003年5月	2004年6月	
2006年1月	**2007年1月**	32
2009年2月	**2010年2月**	37
2010年9月	2011年9月	
2012年12月	2013年7月	
2014年7月	2015年4月	
2016年2月	**2017年7月**	84
2018年2月		

注：持续期按相邻两个波谷之间间隔时间计算。由本书提出的交通运输业周期判别准则识别出的转折点在表4-7中加粗表示，未加粗的转折点表示由B-B法确定的交通运输业短期波动，仅作参考。

综上所述，21世纪交通运输业增长经历了两轮持续期分别为32个月和37个月的短周期，随后经历了持续期为84个月的中周期，并于2016年3月进入第四轮周期。数据显示，2017年7月交通运输业景气指数到达第四轮周期波峰后开始下降，未来走势需进一步监测。

本书对交通运输业周期的主要波动特征进行测算，表4-8给出了交通运输业短周期与中周期的相关特征指标，从总体上看，交通运输业短周期波动的平均长度为51个月，其中上涨阶段的平均持续期为12个月，下降阶段的平均持续期为39个月，平均上涨概率（0.24）显著低于平均下降概率（0.76），以下降期为主导；平均上涨速度（每月0.27个指数点）显著高于平均下降速度（每月0.09个指数点），整体呈现"短扩张、长收缩"且"急增缓降"型非对称周期特征。

表4-8　　　　　　　交通运输业周期波动特征指标

测量指标	2000年1月—2018年9月	2003年5月—2006年1月	2006年1月—2009年2月	2003年5月—2009年2月	2009年2月—2016年2月
平均上涨概率	0.24	0.41	0.32	0.19	0.14
上涨阶段（平均）持续期（月）	12	13	12	13	12
上涨阶段平均振幅	3.37	4.22	1.11	4.22	4.79
上涨速度（指数点/月）	0.27	0.32	0.09	0.32	0.4
平均下降概率	0.76	0.59	0.68	0.81	0.86
下降阶段（平均）持续期（月）	39	19	25	56	72
下降阶段平均振幅	3.54	2.75	4.62	6.13	3.25
下降速度（指数点/月）	0.09	0.14	0.18	0.11	0.05
平均位势	0.44	1.17	0.4	0.75	-0.19
波动率	0.53	0.48	0.49	0.51	0.45

注：1. 2000年1月—2018年9月的周期特征是针对样本期间三个完整交通运输业短周期平均测算的结果。
　　2. 平均上涨（下降）概率是上涨（下降）阶段平均持续期与相应的周期长度之比。
　　3. 上涨（下降）速度是上涨（下降）阶段平均振幅与相应的平均持续期之比。
　　4. 波动率为指数标准差。

对比各轮周期的波动特征，从持续期来看，三个交通运输业周期的持续期长度随时间推移逐渐增加，其中，上涨阶段持续期基本不变，主要体现为下降阶段持续期的延长。各个交通运输业周期的上涨阶段持续期均小于下降阶段持续期，以下降期为主导。从周期形态来看，各轮周期的上涨、下降阶段振幅和速度以及周期形态存在相应的规律和差异：2003年5月至2006年1月，周期上涨阶段的振幅和速度都显著高于周期下降阶段的振幅和速度，呈现"急增缓降"型非对称周期特征，而下一轮短周期 2006 年 1 月至 2009 年 2 月，其周期上涨阶段的振幅和速度都显著低于周期下降阶段的振幅和速度，呈现"缓增速降"型非对称周期特征。国际金融危机之后的交通运输业中周期 2009 年 2 月至 2016 年 2 月，周期上涨阶段的振幅和速度都高于周期下降阶段的振幅和速度，呈现"急增缓降"型非对称周期特征。从表 4-8 中不难看出，这一轮交通运输业中周期内的小波动比较频繁，周期内包含四次交通运输业短期波动（2009 年 2 月至 2010 年 9 月、2010 年 9 月至 2012 年 12 月、2012 年 12 月至 2014 年 7 月、2014 年 7 月至 2016 年 2 月），这四次短期波动的振幅都较小，且平均位势逐渐下降，总体呈现出稳定回落的波动趋势。从周期位势上看，交通运输业周期的平均位势在逐渐降低，从样本期内第一短周期的 1.17，到第二轮短周期的 0.4，再到第三轮中周期的平均位势（-0.19），且周期波动率也有逐渐降低的趋势。

将第一、第二轮交通运输业短周期合并，则 21 世纪交通运输业景气指数可分为两轮中周期，即 2003 年 5 月至 2009 年 2 月和 2009 年 2 月至 2016 年 2 月。交通运输业两轮中周期之间恰好以 2008 年金融危机时期作为分界线。因此，对这两轮中周期的周期特征对比分析，便于我们了解国际金融危机造成的宏观经济条件变动对交通运输行业景气情况的影响和冲击。样本期内交通运输业中周期平均长度为 76.5 个月，其中上涨阶段的平均持续期为 12.5 个月，景气下降阶段的平均持续期为 64 个月，以下降期为主导；平均上涨概率（0.16）显著低于平均下降概率（0.84）；平均上涨速度显著高于平均下降速度，整体呈现"短扩张、长收缩"且"急增缓降"型非对称周期特征，这与短周期特点一致。

对比国际金融危机前后两轮交通运输业中周期的波动特征，从横向来看，两个中周期在上涨阶段持续期与下降阶段持续期的相对长短上基本没有变动，周期上涨阶段持续期均小于周期下降阶段持续期，持续期以下降期为主导，且第二轮中周期的持续期要比第一轮中周期长。从纵向看，两轮中周期的上涨、下降阶段振幅和速度存在差异。2003年5月至2009年2月，周期上涨阶段的振幅显著低于周期下降阶段的振幅，但周期上涨速度高于周期下降速度，呈现"急增缓降"型非对称周期特征，而国际金融危机后2009年2月至2016年2月这一轮中周期的上涨阶段振幅和速度都显著高于下降阶段振幅和速度，呈现"急增缓降"非对称性周期特征。此外，国际金融危机后中周期的平均位势和波动率与国际金融危机前中周期相比有明显下降，呈现出低位平稳的运行态势。

国际金融危机前后两轮交通运输业周期特征的差异主要源于在当时国际金融危机的背景下，我国宏观经济环境变化对交通运输业的影响。样本期内第一轮交通运输业中周期的波谷主要受2008年国际金融危机的影响，下降的幅度和速度都达到了样本期内最高。随后我国出台刺激经济的一揽子经济计划使宏观经济以及交通运输业都迎来了显著回升，同时开始了样本期内幅度最大、速度最快的一次周期上涨，因而形成了样本期内第一轮中周期上涨阶段振幅和速度显著低于下降阶段，第二轮中周期上涨阶段振幅和速度却显著高于下降阶段的周期波动形态。在2012年之后中国经济进入"新常态"，第二轮中周期的平均位势和波动程度相比第一轮中周期显著降低，交通运输业景气指数保持着相对波动平稳、低位运行的态势。

(三) 交通运输业景气波动的历史考查

总体上看，2001年年底，我国正式加入WTO，这对我国交通运输服务市场的发展起到了明显的推进作用。国际贸易流量加大带动国内贸易流量的增加，给我国长期低迷的货物运输业和港口装卸业提供了巨大的发展空间，这在一定程度上带动了我国交通运输行业的发展，我国交通运输业景气指数随之上涨。然而，2003年SARS疫情的暴发不仅对旅客运输造成了强烈冲击，甚至货物运输业也受到了较大影响，因此在2003年5月交通运输业景气指数一度跌落谷点，直到SARS阴影散去，交通运输业才得以较快复苏，同时交通运输业景气指数迎来新一轮上涨。

2008年的国际金融危机对我国经济的负面影响也蔓延至各个行业，交通运输业作为国际贸易和国内生产的重要组成部分，受国际贸易需求降低的影响，交通运输总量相应减少，景气下滑。2008年年底的一揽子经济计划使宏观经济以及交通运输业得以复苏，2009年2月交通运输业景气指数触底反弹。

2012年，中国经济增速换挡，产业结构优化，经济转型升级对我国交通运输业的发展也产生结构性影响，包括交通运输的需求规模和需求结构、运输方式和市场形态等。因此交通运输业景气指数呈现出与以往不同的波动平稳、低位运行的新特征。21世纪国内外发生的一系列大事件，一定程度上解释了我国交通运输行业周期转折点产生的原因以及周期上涨和下降阶段的经济、社会背景，使我们更深入地理解交通运输行业的运行态势。

第四节 生产性服务业多维景气指数与服务业景气指数

图4-5分别对比了金融业景气指数、交通运输业景气指数与服务业景气指数的走势，不难发现金融业景气指数的周期形态与服务业更接近，这从表2-4和表4-4的结果中可以得到证实；另外，金融业景气指数的多个主要谷点与服务业景气指数存在短期先行关系。交通运输业景气指数与服务业景气指数形态上没有明显的统一

特征，在2006年之前交通运输业景气指数总体位势要高于服务业景气指数，而之后交通运输业景气指数的总体位势低于服务业景气指数，这与交通运输业对服务业增加值占比近年来显著下降的事实相符。2011年之后，交通运输业下降幅度逐渐减小，与服务业平稳波动特征类似。

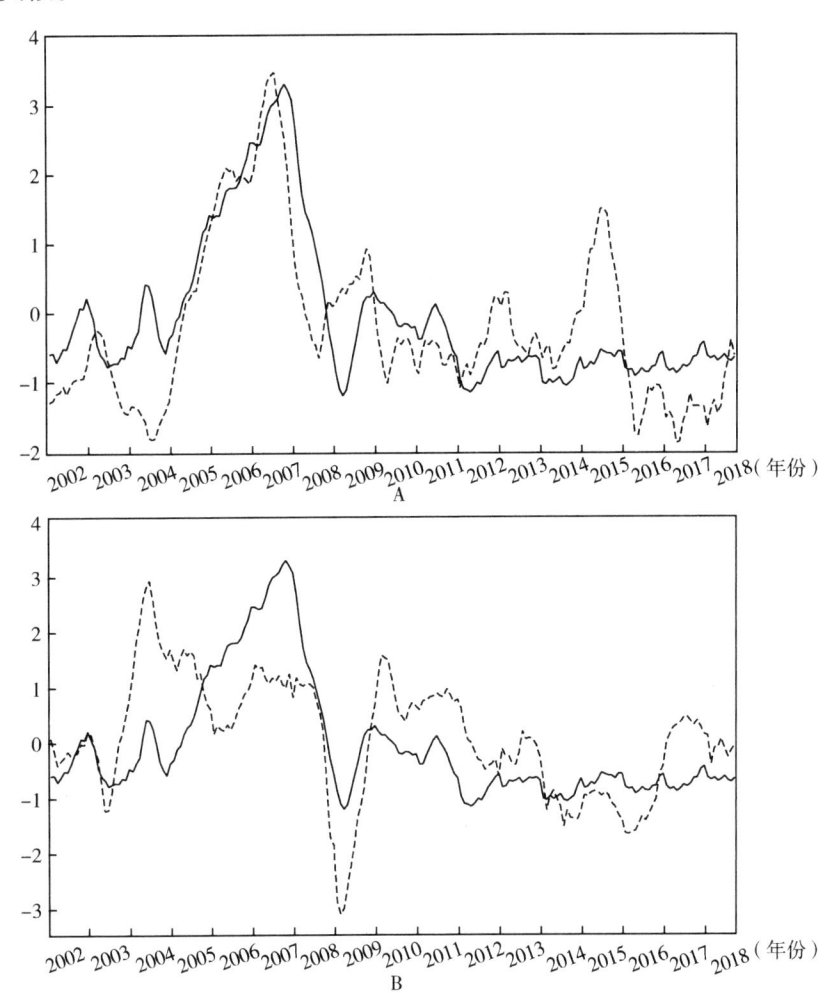

图4-5 金融业景气指数、交通运输业景气指数与服务业景气指数对比

注：图4-5-A中，虚线代表金融业景气指数，实线代表服务业景气指数；图4-5-B中，虚线代表交通运输业景气指数，实线代表服务业景气指数。

本书分别计算了金融业景气指数、交通运输业景气指数与服务业景气指数的时差相关系数，金融业景气指数先行于服务业景气指数三个月，时差相关系数为0.78；交通运输业景气指数与服务业景气指数同步变动，时差相关系数为0.52。说明生产性服务业中，金融业领先于服务业总体的变动，对服务业存在一定的指示和拉动作用；交通运输业的周期阶段与服务业变动基本保持一致。

利用Harding和Pagan（2002）提出的一致性指数，本书衡量了金融业和交通运输业与服务业总体在转折点上的协同性。一致性指数ρ_{XY}的计算公式为：

$$\rho_{XY} = \frac{1}{T} \sum_{t=1}^{T} [\rho_t^X \cdot \rho_t^Y + (1-\rho_t^X) \cdot (1-\rho_t^Y)] \quad (4-1)$$

其中，$\rho_t^X = \begin{cases} 0, & 当X处于收缩阶段 \\ 1, & 当X处于扩张阶段 \end{cases}$；$\rho_t^Y = \begin{cases} 0, & 当Y处于收缩阶段 \\ 1, & 当Y处于扩张阶段 \end{cases}$。

一致性指数通过计算两组时间序列同时处于各自周期扩张或收缩阶段的时间占总体样本时间的比重来度量两个变量周期协同性进行测算。一致性指数ρ_{XY}为1，说明两组序列存在周期同步关系；ρ_{XY}等于0，说明两组序列的周期阶段完全相反；ρ_{XY}等于0.5，表示两组序列相互独立。根据式（4-1），金融业与服务业的一致性指数ρ_{XY}为0.74，交通运输业与服务业的一致性指数ρ_{XY}为0.56，说明金融业与服务业的协同性较好。

第五节 本章小结

一 金融业景气指数构建与周期波动特征分析

第一，金融机构本外币各项存款同比增长率、股票日均成交金额同比增长率、投资者信心指数；国内经济政策和金融业增加值实际同比增长率这4个一致指标对金融业景气指数的贡献较大。结合金融业景气指数的波动特征和经济周期类型划分，本书提出了针对金融业景气周期的转折点判别准则。根据该准则，金融业增长在样本期内共经历了2004年7月至2008年8月、2008年8月至2012年1月、2012年1月至2017年4月三轮完整的金融周期。其中，第一轮与第二轮金融短周期可合并为一轮金融业中周期，第三轮金融周期符合中周期的判别条件。

第二，从短周期来看，金融业与其他行业及服务业整体的指数波动特征有明显的区别：其他三个重点行业及服务业在2012年后的经济新常态时期，均表现出与以往不同的小幅平稳波动态势，波动幅度、波动率和平均位势逐渐降低。金融业景气指数在2008年至2014年波动率较小，即第二轮短周期和第三轮中周期的第一次短期波动时期；2014年之后的金融业景气指数波动幅度与之前一段时期相比有所扩大。从中周期来看，2012年经济步入新常态后，金融业景气指数波幅减小，运行态势低位平稳，与其他三个行业和服务业的运行规律一致。

第三，通过对比金融业景气指数与标准化GDP实际同比增长率发现，金融周期在整个考察期内确实与经济周期存在一定先行关系，且这种先行关系在2012年之前更加清晰和稳定。2014年后，金融周期与经济周期的运行出现偏离，标准化GDP实际同比增长率呈现出非常平缓的下降态势，而金融业景气指数仍保持典型周期性扩张与收缩。2016年开始，金融周期的振幅也逐渐减小，周期波动减弱。

二 交通运输业景气指数与周期波动特征分析

第一，交通运输业景气指数在货物周转量同比增长率、全国社会物流总额同比增长率、企业家信心指数：交通运输、仓储和邮政业以及交通运输、仓储和邮政业增加值实际同比增长率4个指标上的因子载荷较高，全国主要港口货物吞吐量同比增长率次之，而旅客周转量同比增长率的因子载荷最小，可见客运行业对交通运输业景气的作用并不明显，而货运是影响交通运输业周期波动的重要因素。

第二，交通运输业增长在21世纪共经历了三轮谷—谷的景气周期，分别为：2003年5月至2006年1月、2006年1月至2009年2月、2009年2月至2016年2月。总体上看，交通运输业景气的平均周期长度为51个月，整体呈现"短扩张、长收缩"且"急增缓降"型非对称周期特征。对比交通运输业各周期的波动情况，样本期内三轮交通运输业周期的上涨阶段持续期均小于下降阶段持续期，持续期以下降期为主导；从周期位势上看，交通运输业周期的平均位势在逐渐降低，且周期波动率也有逐渐降低的趋势。

第三，以国际金融危机时期为分界，并将危机之前的两轮交通运输业短周期合并看做一轮中周期，通过对比两轮中周期特征，第一轮中周期上涨阶段的振幅显著低于下降阶段的振幅，上涨速度高于下降速度，呈现"短扩张、长收缩"且"急增缓降"型非对称周期特征；危机之后的中周期上涨阶段的振幅显著高于下降阶段的振幅，但与前一轮中周期一样，呈现"短扩张、长收缩"且"急增缓降"型非对称性周期特征。此外，国际金融危机后中周期的平均位势和波动率与危机之前中周期相比有明显下降，呈现出低位平稳运行的态势。

三 生产性服务业周期波动特征总结

第一，持续期方面，金融业和交通运输业周期持续期与服务业相等，且交通运输业景气指数与服务业景气指数在国际金融危机后的走势比较接近，主要体现在上涨幅度、下降幅度和波动程度上。

第二，波动率方面，交通运输业、服务业、金融业的波动率依次递增，国际金融危机后，交通运输业的波动幅度减弱趋势更加明显，金融业因受到2015年股市震荡的影响在2014年年底至2016年年中又出现了一次大幅波动，扰乱了新常态下行业应有的平稳态势，但总体上服务业并未受金融业剧烈波动的影响，服务业景气指数在2012年后保持低位平稳的小幅波动。

第三，周期形态方面，交通运输业呈现以收缩期为主导的"急增缓降"型非对称周期特征。金融业与服务业整体一致，呈现以扩张期为主的"缓增速降"型非对称周期特征，且金融业景气指数对服务业存在短期先行关系，说明服务业在周期阶段的持续期和增速上的非对称周期特征在生产性服务业层面更多受到金融业景气的影响和拉动。

第五章 生活性服务业多维景气指数构建与周期波动特征分析

第一节 引言

批发零售业和房地产业属于生活性服务业，是直接向居民提供物质和精神生活消费产品及服务的产业。批发零售业作为服务业中占比最高的一个行业，反映国内贸易的运行情况；房地产市场的健康稳定，不仅关系到行业自身的持续发展，更与国计民生、百姓福利以及社会稳定息息相关，且近年来房地产业增加值在服务业中的占比也在逐渐提升。

具体而言，在社会主义市场经济体制下，商品市场在社会再生产流通领域发挥重要作用，一个国家的商品市场发展与经济周期所处的阶段有着重要的联系。作为连接生产和消费的中间环节，批发零售业一方面对消费起着引导和实现的作用，另一方面也对生产发挥着指导和促进作用（舒建玲和丘汉伟，2015）。近年来随着国民经济的持续发展，尤其当商品市场达到供过于求的阶段之后，批发零售业在国民经济中的地位得到了巨大的提升，已经占据各个行业领域产业链的主导地位，成为引导生产和消费的先导性行业。对商品市场以及批发零售业的景气周期监测不仅可以把握行业的运行情况和波动态势，促进商品市场和批发零售业的平稳健康发展，而且可以帮助我们更全面、准确地监测服务业以及宏观经济的景气情况。由此可见，对批发零售业进行景气监测具有重要的意义。

房地产业作为连接建筑业和服务业的重要部门，具有产业链长、前后向产业关联度大的特点，对宏观经济及服务业的作用也不容小觑。1998年开始，我国实行全面住房制度改革，将住宅建设作为新的经济增长点。房地产市场经过20多年的发展壮大，曾在过去多个时期对宏观经济产生了不同程度的影响，与国民经济的各个产业部门存在密不可分的联系，被众多学者认为是经济发展的主导行业。Leamer（2007）研究发现房地产投资对GDP增长有驱动作用，由此认为房地产投资可作为预测经济运行的先导指标。何青等（2015）、陈创练等（2018）均认为房地产市场的冲击对宏观经济产生深刻的影响，是驱动中国经济周期波动的重要因素。2008年国际金融危机就源于美国房地产市场的崩溃。对房地产业周期进行监测并探究其周期波动规律，不仅有助于房地产业稳定运行，而且对于预测宏观经济周期并制定适合的稳定宏观经济政策都有重要的理论和现实意义。

为完善服务业多维监测框架，本章将针对这两个重点生活性服务业行业构建多维景气指数，并深入分析批发零售业和房地产业的周期波动特征和周期阶段变化的经济背景。与构建服务业景气指数的思路一致，同样引入相应的季度行业增加值，采用混频动态因子模型来构建生活性服务行业多维景气指数，从而得到更全面的指数结果。

第二节 批发零售业景气指数构建与周期波动分析

一 批发零售业周期研究现状

批发零售业作为服务业占比最大的部门，与我国宏观经济的景气状况和发展趋势联系紧密。商品市场的周期波动会对宏观经济的周期波动产生直接影响：商品市场快速发展会拉动生产的扩张，对一国经济增长有促进作用；而商品市场的收缩也会对生产产生消极影响，导致宏观经济的走向收缩。张文军和陈乐一（2005）通过对消费品市场波动和经济波动的相关性分析发现消费品市场波动和经济波动是互相作用的，且消费品市场波动对经济波动的影响逐渐增强。王宗胜等（2014）和舒建玲等（2015）也通过研究批发零售业与经济增长的关系发现，中国存在从批发零售业到经济增长的单向格兰杰因果关系，由此认为批发零售业的发展可以促进经济增长。

1997年，陈乐一选取年度社会消费品零售总额作为考察指标，描述了1953—1994年中国商品市场的波动形态，是较早关于国内批发零售商品市场的周期波动和景气的研究。另外，陈乐一和吴川龙（2014）选取1953—2010年的年度社会消费品零售总额，对1978年改革开放前后我国的商品市场周期波动特征进行比较分析。但仅针对单一变量无法体现指标之间的协同性变化特征，无法综合反映批发零售市场的综合变动。因此，为综合反映批发零售商品市场的周期运行，也有多数文献采用景气指数方法，通过构建一个综合指数来反映经济周期的运行态势，包括合成指数方法、扩散指数方法等。如李朝鲜和兰新梅（2004，2005）构建了我国零售商业景气波动的信号控制系统，通过选取社会商品零售总额增长率、工业增加值增长率等10个景气指标建立景气波动控制信号图分析了我国零售商品行业景气波动，同时编制了我国零售商品行业景气波动的先行、一致和滞后扩散指数，并将三种景气指数与零售商品行业的总体波动情况进行比较。陈乐一等（2008）以及陈乐一和李星（2008）分别构建批发零售商品市场的合成指数和扩散指数来对我国商品市场的转折点进行预测。此外，陈乐一等（2012，2013，2014）采用多种方法分别基于单一指标和合成指数等对商品市场的周期阶段波动性特征以及外部冲击对商品市场周期转换特征影响进行分析。

国内外关于批发零售商品市场相关研究中，大多数研究普遍选择社会消费品零售总额作为基准指标，但社会消费品零售总额仅能反映零售总量的变动情况。在各种批发零售行业相关指标中，批发零售业增加值是批发零售业景气情况最具代表性的指标，但碍于其数据公布频率为季度，一直未被学者纳入到批发零售景气分析框架中。为解决这一问题，与前文一致，本节采用混频动态因子模型，将季度批发零售业增加值纳入到景气分析框架中，构建我国批发零售行业月度景气指数对批发零售商品行业的周期特征及运行态势进行分析，模型构建思想与估计过程本章不再赘述。

二 指标的选取与处理

构造批发零售业景气指数首先应选取一组适当的一致指标，本书收集了与批发零售业和宏观经济相关的各项经济指标80多个，以批发零售业增加值实际同比增长率作为基准指标，利用时差相关分析、K-L信息量等多种方法进行筛选。指标筛选具体过程与前文一致，在此不作赘述。在综合考虑了经济意义、数据长度以及与景气波动的对应情况后得到与批发零售业景气波动最相关的五个指标如表5-1所示，样本区间为1999年1月至2018年9月。

表5-1 批发零售业一致指标

变量	频率	符号	样本区间	时差相关系数	滞后期
批发零售业增加值实际同比增长率	季度	WRAV	1999年3月—2018年9月		
社会消费品零售总额同比增长率	月度	SCG	1999年1月—2018年9月	0.63	-1
3000家零售企业零售指数	月度	CREI	2006年9月—2018年9月	0.88	1
商品零售价格指数	月度	RPI	1999年1月—2018年9月	0.52	1
企业商品交易价格指数	月度	CGPI	1999年1月—2018年9月	0.48	-1

资料来源：万得数据库，https://www.wind.com.cn/newsite/edb.html；中经网统计数据库，http://db.cei.cn。

批发零售业增加值是反映批发零售业景气情况最重要的指标，因此将其实际同比增长率作为基准指标；社会消费品零售总额同比增长率是对零售商品市场繁荣程度的衡量指标，在许多文献中作为批发零售业景气监测的基准指标，在批发零售业一致指标组中也占据重要地位；3000家零售企业零售指数是商务部针对3000家核心零售企业，即行业中具有代表性和典型性的样本企业运营情况编制的零售指数，该指标2014年之前统计范围是3000家重点企业，2014年及之后统计范围增加到5000家重点企业，作为从销售额的角度代表批发零售业景气情况的指标被选入一致指标组；企业商品交易价格指数的前身是国内批发物价指数（WPI），与商品零售价格指数共同反映了批发业和零售业的价格变动。

批发零售业增加值实际同比增长率直接选用国家统计局公布的当月实际同比增长率数据。受春节因素影响，社会消费品零售总额同比增长率在1月份和2月份数据波动很大,形成了异常值点,这里我们将这些异常值视为缺失值,对其在状态空间模型中进行处理。在社会消费品零售总额同比增长率的选择上,参考大多数文献,我们采用名义同比增长率。这种做法一方面是由于名义社会消费品零售总额同比增长率与批发零售业增加值实际同比增长率的走势较为一致;另一方面,对社会消费品零售总额进行平减时对基年及平减指数的选择可能引入更大的测量误差。关于季节性因素的处理,由于我们选取的批发零售业的一致指标由采用上年为基期的同比增长率指标和官方或者机构公布的同比调查指数组成,不存在明显的季节性因素,所以并未进行季节调整处理。

参照 Mariano 和 Murasawa（2003）给出的 AIC 和 SBIC 信息准则,本节模型构建时也将滞后阶数设定为1。为了便于模型的估计并使得提取出的共同因子具有经济含义,这里对所有指标进行了标准化处理,并对因子载荷矩阵施加约束条件：对应于批发零售业增加值实际同比增长率的因子载荷为1。

所选取的一致指标社会消费品零售总额同比增长率和3000家零售企业零售指数存在缺失值的情况,本书对此采取了两种处理方式,即事先采用插值法填补和直接将空缺值在状态空间模型中进行估算。实际估计结果显示,这两种处理方式得到的批发零售业景气指数几乎完全相同。

三　批发零售业景气指数估计结果及周期性波动特征分析

（一）批发零售业景气指数估计结果

图5-1给出了批发零售业景气指数具体增长趋势和波动情况,结果显示,除了2003年至2005年年初这段时间,我们提取的批发零售

业景气指数和标准化批发零售业增加值实际同比增长率的整体趋势和波动幅度一致性较好，而 2003 年年初至 2004 年年初，批发零售业景气指数与标准化批发零售业增加值实际同比增长率的一致对应性较弱，这主要源于除 3000 家零售企业零售指数之外（数据始于 2006 年），其他四个指标的增长趋势在这一期间都与标准化批发零售业增加值实际同比增长率相反，增加值实际同比增长率作为总量指标受 SARS 疫情影响明显，出现下降趋势，而在此期间批发零售业景气指数更多反映了其他指标包含的信息。

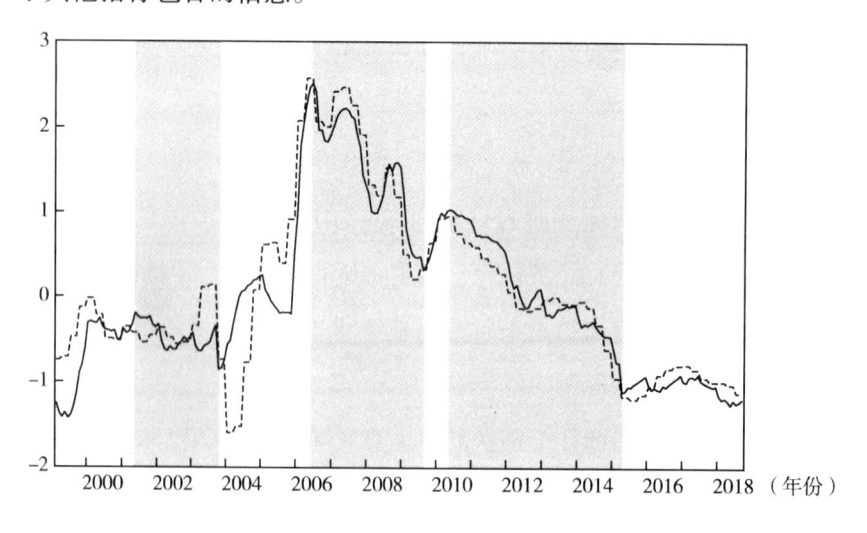

图 5-1 批发零售业景气指数（实线）与标准化批发零售业增加值实际同比增长率（虚线）

表 5-2 为模型参数估计结果，其中，β 对应各一致指标的因子载荷，可作为判断各一致指标对共同因子提取贡献程度的依据；φ_f 和 φ_u 分别为共同因子和异质性成分的自回归系数；σ_u 表示异质性成分的标准差；L 为模型的对数似然值。

表5-2　　批发零售业混频动态因子模型参数估计结果

	WRAV	SCG	CREI	RPI	CGPI
β	1	0.925 *** (0.122)	0.783 *** (0.081)	0.324 ** (0.15)	0.351 *** (0.119)
φ_u	0.903 *** (0.018)	0.857 *** (0.071)	0.665 *** (0.025)	0.88 *** (0.043)	0.725 *** (0.019)
σ_u	0.125 *** (0.014)	0.119 *** (0.023)	0.312 *** (0.016)	0.365 *** (0.021)	0.20 *** (0.0143)
φ_f	0.738 (0.037) ***			
L	-1172.07			

注：括号内为参数对应的标准差；*** 分别表示在1%的显著性水平下拒绝参数不显著的原假设。

结果显示，所有参数均在5%显著性水平下显著。除作为基准指标的批发零售业增加值实际同比增长率外，批发零售业景气指数在社会消费品零售总额同比增长率和3000家零售企业零售指数两个指标的因子载荷明显占优，分别为0.925和0.783，说明批发零售业景气指数受这两个指标和基准指标的影响较大，而商品零售价格指数和企业商品交易价格指数的因子载荷相对较低，仅分别为0.324和0.351。社会消费品零售总额同比增长率是对零售商品市场总体情况的一个综合反映，对批发零售业整体具有一定的代表作用。商品零售价格指数和企业商品交易价格指数对批发零售业景气指数的影响较低，一方面说明在指标筛选阶段，这两个指标与基准指标的时差相关系数相比其他指标较低；另一方面说明价格因素与其他指标相比，对批发零售业的景气影响较弱。

本书计算了各个一致指标与所提取的批发零售业景气指数的person相关系数。作为基准指标，批发零售业增加值实际同比增长率与批发零售业景气指数的相关系数为0.81，存在极强相关性，同样与批发零售业景气指数存在极强相关性的指标还有社会消费品零售总额同比增长率，person 相关系数为 0.85，可见以上两个指标与批发零售业景气指数更接近；商品零售价格指数、3000 家零售企业零售指数与批发零售业景气指数的 person 相关系数分别为 0.78 和 0.68，存在强相关关系，每个指标都对批发零售业景气指数存在较高的相关性。

（二）我国批发零售业周期性波动特征分析

参考陈磊和孔宪丽（2007），本书在测定批发零售业周期时，结合批发零售业的波动特征与经济周期类型的划分，提出了针对批发零售业景气的一套周期判别准则，并严格区分了批发零售业景气周期与批发零售业短期波动的概念和判断标准。

批发零售业短周期的判别准则：（1）每个上涨或下降的周期阶段持续至少 9 个月；（2）一个完整的谷—谷周期至少持续 30 个月。中周期的判别准则：（1）每个上涨或下降的周期阶段至少持续 12 个月；（2）一个完整的谷—谷周期至少持续 60 个月。另外，将满足 B－B 准则但不满足批发零售业周期标准的一个循环视为批发零售业短期波动。根据以上的判别标准，批发零售业周期的定义要比批发零售业短期波动的定义更为严格，一个批发零售业周期内可包含多个批发零售业短期波动。

表 5－3 列举了批发零售业景气指数的转折点判定结果，收缩期在图 5－1 中由阴影部分表示。综合图 5－1 和表 5－3 结果，根据本书提出的批发零售业周期判别准则，在 1999 年 1 月至 2018 年 9 月，批发零售业共经历了两轮"谷—谷"的景气周期。2003 年 10 月至 2009 年 6 月构成样本期内第一轮批发零售业周期，扩张期（2003 年 11 月至 2006 年 6 月）为 32 个月，收缩期（2006 年 7 月至 2009 年 6 月）为 36 个月，周期总长度 68 个月，满足中周期的判别准则。在这一轮批发零售周期内还包括三轮短期波动，分别为 2003 年 10 月至 2005 年 11 月、2005 年 11 月至 2008 年 3 月和 2008 年 3 月至 2009 年 6 月，持续期分

别为 25 个月、28 个月和 15 个月。第二轮周期为 2009 年 6 月至 2015 年 4 月，周期总长度 70 个月，扩张期（2009 年 7 月至 2010 年 5 月）为 11 个月，收缩期（2010 年 6 月至 2015 年 4 月）为 59 个月，基本满足批发零售业中周期的判别准则。综上所述，21 世纪批发零售业增长始于一轮持续期为 68 个月的中周期，随后进入第二轮持续了 70 个月的中周期，并于 2015 年 5 月进入批发零售业的第三轮周期。转折点判定结果显示，2017 年 6 月批发零售业景气指数为第三轮周期的波峰，但由于该轮周期的谷点还不能判定，因此 2017 年 6 月为暂定的峰点，仍需要进一步监测判断。

表 5–3　　　　　　　　批发零售业景气指数转折点结果

波谷	波峰	周期持续期（月）
	2001 年 5 月	
2003 年 10 月	2005 年 1 月	
2005 年 11 月	**2006 年 6 月**	
2008 年 3 月	2008 年 11 月	
2009 年 6 月	**2010 年 5 月**	**68**
2015 年 4 月	2017 年 6 月	70

注：持续期按相邻两个波谷间隔时间计算。由本书提出的批发零售业周期判别准则识别出的转折点在表 5–3 中加粗表示，未加粗的转折点表示由 B–B 法确定的批发零售业短期波动，仅作参考。

根据转折点测定的结果，本书对批发零售业周期的主要波动特征进行测算，相关特征指标见表 5–4。

表 5–4　　　　　　　　批发零售业周期波动特征指标

测量指标	1999 年 1 月—2018 年 9 月	2003 年 10 月—2009 年 6 月	2009 年 6 月—2015 年 4 月
平均上涨概率	0.31	0.47	0.16

续表

测量指标	1999年1月—2018年9月	2003年10月—2009年6月	2009年6月—2015年4月
上涨阶段（平均）持续期（月）	21.5	32	11
上涨阶段（平均）振幅	1.97	3.37	0.56
上涨速度（指数点/月）	0.092	0.11	0.051
平均下降概率	0.69	0.53	0.84
下降阶段（平均）持续期（月）	47.5	36	59
下降阶段（平均）振幅	2.1	2.04	2.15
下降速度（指数点/月）	0.044	0.057	0.036
平均位势	0.56	0.93	0.21
波动率	0.87	0.98	0.54

注：1. 1999年1月—2018年9月的周期特征是针对样本期间两个完整批发零售业短周期平均测算的结果。

2. 平均上涨（下降）概率是上涨（下降）阶段平均持续期与相应的周期长度之比。

3. 上涨（下降）速度是上涨（下降）阶段平均振幅与相应的平均持续期之比。

4. 波动率为指数标准差。

从总体上看，批发零售业周期波动的平均长度为69个月，其中上涨阶段的平均持续期为21.5个月，景气下降阶段的平均持续期为47.5个月，平均上涨概率（0.31）低于平均下降概率（0.69），以下降阶段为主导，且平均上涨幅度小于平均下降幅度；平均上涨速度（每月0.092个指数点）高于平均下降速度（每月0.044个指数点），整体呈现"短扩张、长收缩"和"急增缓降"的非对称周期特征。

对比各个周期的波动特征，以2008—2009年国际金融危机时期为界，从持续期来看，前后的两轮周期平均上涨概率均小于平均下降概率，以下降期为主导，但危机后平均上涨概率与前一轮周期相比显著下降，由此不难发现，我国批发零售业周期受危机的影响，上升期显著缩短，扩张期延长。从周期形态来看，我国批发零售业周期振幅的改变也是因为受到了国际金融危机的影响，危机之前的批发零售业周期上涨阶段振幅（3.37）高于下降阶段的振幅（2.04），而危机之后的批发零售业周期上涨阶段的振幅（0.56）要显著低于下降阶段的振幅（2.15），波动率也有所减小，说明危机后批发零售业的波动逐渐减缓。而两轮周期在危机前后也具有一些类似的特征，在周期上涨/下降速度方面，两轮周期均呈现出上涨速度大于下降速度的"急增缓降"型非对称周期特征。

（三）批发零售业景气波动的历史考查

纵观批发零售业景气指数，1999年，我国政府采取了一系列积极的财政政策和货币政策来应对经济增长率下行，如为了扩大固定资产投资规模而发行总额为4015.03亿元的长期基本建设国债、增加公务人员的工资并提高国有企业下岗职工的社会保障等。这些宏观经济政策的实施带动了商品零售价格指数等批发零售业指标的扩张，从而带来批发零售商品市场的景气上行。经过20多个月的扩张，批发零售业景气指数于2001年5月到达样本期内第一个波峰。受固定资产投资的回落以及美国"9·11"恐怖事件的影响，我国进出口景气下行，在国内外因素的共同作用下，我国批发零售业景气开始回落。2001年年底我国正式加入WTO，这对我国批发零售服务市场的发展起到了明显的推进作用。国际贸易流量加大带动国内贸易流量增加，这在一定程度上带动了我国批发零售业的发展，随后暴发的SARS疫情导致批发零售业景气下行，批发零售业景气指数在2003年10月到达本轮周期谷点，结束了为期29个月的景气下降阶段转而上行。

2004年上半年我国经济过热，固定资产投资增长过快，故在2004年下半年，国家出台包括加息和提高法定准备金率等在内的一系列宏观调控措施，并在2004年年底实施"双稳健"的宏观经济政策，"积极的财政政策和稳健的货币政策"宣告结束。宏观经济的收紧使得批发零售市场经历了2005年1月至2005年11月11个月的回落。在2005年12月批发零售业景气指数开始回升，尤其在人民币汇率改革之后，人民币升值速度的加快有利于降低上游企业进口大宗原材料的成本,通过价格传导进而减轻终端消费品价格上涨的压力,对国内贸易市场具有一定的促进作用。批发零售业景气指数在2006年6月到达这一轮周期的峰点,结束了长达32个月的景气上升阶段并开始下行。

2008年的国际金融危机对我国经济的负面影响也蔓延至各个行业,批发零售业作为国际贸易和国内生产的重要组成部分受国际贸易需求降低的影响,导致批发零售总量相应减少,景气下滑。为了应对国际金融危机,2008年年底我国政府出台了扩大内需的一揽子经济刺激计划,宏观经济以及批发零售业景气回升,2009年6月批发零售业景气指数触底反弹。然而,随着这一政策性刺激引起的消费品价格上涨等负面作用显现,批发零售业景气指数在经历了11个月短暂上涨之后再次进入了持续期较长的收缩阶段。2012年后,中国经济进入新常态,经济增速换挡,产业结构优化,经济转型升级对我国批发零售业的发展也产生结构性影响,批发零售业景气指数呈现出与以往不同的波动平稳、低位运行的新特征。

2015年4月批发零售业景气指数到达第二轮周期的谷点,迎来了新一轮的周期上升阶段,2017年6月为第三轮周期的暂定波峰。此后,批发零售业景气指数呈现出平缓下降的态势,与此前批发零售业景气指数的波动情况相比,2017年6月后的批发零售业景气指数趋势出现显著的结构性变化。

第三节 房地产业景气指数构建与周期波动分析

一 房地产业周期研究现状

房地产业作为国民经济的支柱产业,它所带动的上游及下游相关产业链条长且范围甚广，被称为国民经济的"晴雨表"。如图 5-2 所示，房地产业的发展能直接或间接带动水泥、钢材、家具以及金融等多种行业的发展。反之，若该部门出现问题，也会对相关产业甚至整个经济产生巨大的负面影响。

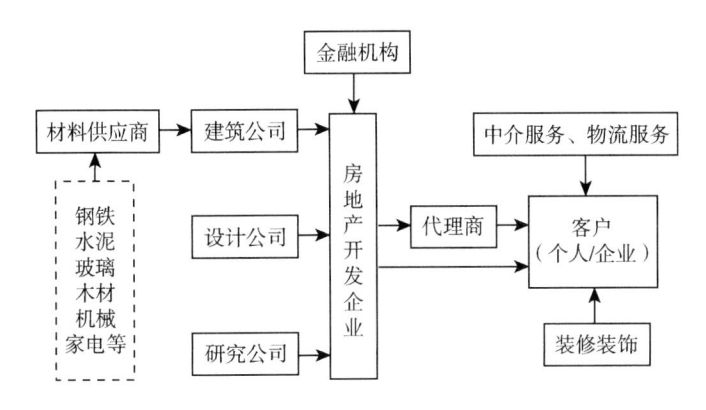

图 5-2 房地产业与相关行业联系示意

国外对房地产业周期波动研究可追溯至 Mitchell（1927），其专著《经济周期：问题和调整》提出了建筑周期的概念。此后，关于房地产业周期的大量研究主要集中在房地产周期存在性、房地产周期与宏观经济周期、其他经济变量和产业的关系以及房地产周期的测度和波动分析等方面。如 Burns（1935）利用官方数据描述了美国房地产长周期，被认为是真正意义上房地产业周期研究的开端；Brown（1984）通过考察 1968—1983 年美国家庭住房的销售周期情况，认为其与国民经济周期具有较强的相关性；Ge 等（2016）研究发现长期和短期的房地产业周期对银行系统危机有着强烈的影响；Zetland（2010）构建了美国房地产市场指数（REMI）来测量房地产市场运行及流动性；Tsolacos 等（2014）分别用 probit 模型和马尔科夫转移模型对美国房地产市场商业用房租赁情况进行转折点预测。

相比之下，国内房地产业周期的研究开始较晚，薛敬孝（1987）

的《试论建筑周期》一文，被认为是国内较早讨论房地产业周期的文章。刘学成（2001）综述了国内房地产业研究的总体现状，并阐述了与国外相比，我国房地产市场的特点和亟待解决的问题。

关于房地产业周期研究，采用何种指标或者指数方法是首要问题。在我国以往研究中，有学者选取可反映房地产市场运行的单一指标来描述房地产业周期，如邱强和万海远（2007）以商品房销售面积及其增长率为基准对房地产业周期进行了划分；祁神军等（2011）选取厦门市商品房日成交均价作为测定房地产业周期波动的指标，结合 K 线理论对厦门市房地产业周期波动进行预测和判断。郭娜等（2011）以房地产投资额作为房地产市场周期的划分指标对房地产市场周期的波动特征进行考察。更多研究则选取多个指标构建一个包含房地产多维信息的指数或直接选用国家统计局公布的国房景气指数对房地产业周期进行测度，如何国钊等（1996）选取了八个房地产行业相关指标，分别从单一指标的环比增长率和由八个指标合成的扩散指数两方面对中国房地产业周期进行划分；"房地产周期波动研究"课题组（2002）采用年度数据构建房地产合成指数来分析房地产业周期波动；梁云芳和高铁梅（2008）基于主成分分析方法提取了我国房地产投资综合景气指数；张红和谢娜（2008）结合主成分分析和谱分析方法识别了北京房地产市场周期；徐国祥和王芳（2010）利用国家统计局编制公布的国房景气指数作为反映房地产市场周期波动的代表分析我国房地产市场的周期波动特征；师应来和王平（2011）基于武汉市年度数据，从房地产行业自身发展速度、供求均衡以及房地产与国民经济协调性三个方面结合聚类分析方法筛选房地产预警指标对武汉市房地产进行景气监测；司颖华（2014）基于国房景气指数，采用 H－P 滤波方法分析我国房地产市场的波动性特征并构建 LSTAR 模型分析我国房地产市场的非对称动态特征；张敏丽和杨长林（2014）基于年度数据，采用因子分析法构建了房地产业先行、一致和滞后指数并计算了房地产业预警指标指数；董倩等（2014）基于百度搜索指数，对中国16个大中城市构建了新房和二手房的价格指数，并认为基于网络搜索数据的结果比官方调查结果时效性更强，可进一步应用到CPI和消费等经济指标的预测中；吴传清等（2019）从政策环境、宏观经济活动和市场供求三方面选取指标并构建合成指数和扩散指数，对2016年以来长江经济带沿线的11个省份房地产业的景气状况和演变特征进行分析。相比仅选取单一指标，构建一种指数对房地产业周期进行测定反映的角度更加全面，结果更加可信。

选取基准指标时，房地产业增加值无疑是最能反映房地产市场整体运行情况的综合指标，但由于该指标按季度发布，往往被学者排除在月度分析框架之外。大多数研究在选取指标时通常采用房地产投资完成额或商品房成交额等作为基准指标。因此，与前文一致，本节采用混频动态因子模型构建房地产业的月度景气指数，将房地产业增加值包含的信息与其他月度指标包含的信息结合起来，在保证房地产业周期监测时效性的基础上，同时提高周期监测的综合性和准确性，并提出房地产业短周期的划分准则对房地产业周期进行阶段划分。

二 指标的选取与处理

由于房地产业与其上下游行业关联度很强，因此房地产业一致指标的考察范围除房地产业自身指标外，还应包含房地产业上下游行业相关指标和各类宏观经济指标。因此，为构建一个能综合准确反映房地产业景气波动情况的指数，本节以房地产业增加值实际同比增长率作为基准指标，从200多个反映房地产业和物价、金融、工业等经济指标中，利用时差相关分析、K－L信息量等多种方法筛选一致指标。

筛选过程与前文一致，最后得到与房地产业景气波动最相关的六个一致指标如表5-5所示，样本区间为2001年1月至2018年9月。

表5-5　　　　　　　　　房地产业一致指标

变量	频率	符号	样本区间	时差相关系数	滞后期
房地产业增加值实际同比增长率	季度	REAV	2001年3月—2018年9月		
企业家信心指数：房地产业	季度	REECI	2001年3月—2018年9月	0.67	0
水泥产量同比增长率	月度	COUT	2001年1月—2018年9月	0.49	0
房地产开发资金来源同比增长率	月度	RESF	2001年1月—2018年9月	0.62	1
商品房销售额同比增长率	月度	TSCB	2001年1月—2018年9月	0.69	0
100大中城市：成交土地总价同比增长率	月度	TPLT	2009年1月—2018年9月	0.79	1

资料来源：万得数据库，https://www.wind.com.cn/newsite/edb.html；中经网统计数据库，http://db.cei.cn.

　　房地产业增加值是反映房地产业总体运行情况的最重要指标，因此将其实际同比增长率作为筛选一致指标的基准指标。"企业家信心指数：房地产业"综合反映了房地产业企业家对行业形势好坏的判断，而企业家的判断结果直接影响企业当前的决策从而反过来影响房地产业的发展；我国水泥产量的70%被用于房地产建设（梁云芳等，2008），因此房地产业景气与水泥产量同比增长率存在合理的一致性；同时，"100大中城市：成交土地总价"、房地产开发资金来源和商品房销售额分别作为房地产开发土地成交阶段、房地产开发阶段和房地产销售阶段最重要的指标，这三个指标的同比增长率也是可直接反映房地产业景气的一致指标。

在这六个房地产业一致指标中，房地产业增加值和水泥产量采用国家统计局公布的当月实际同比增长率，房地产开发资金来源和商品房销售额采用官方公布的累计同比增长率数据，由于"100大中城市：成交土地总价"没有官方公布的同比增长率数据，所以本书用该指标的水平值推算同比增长率，企业家信心的指数：房地产业直接选用其公布数据。

受春节因素等问题影响，水泥产量同比增长率、房地产开发资金来源同比增长率和商品房销售额同比增长率在个别月份会出现异常值，我们对其作缺失值处理。另外，由于房地产开发资金来源同比增长率和商品房销售额同比增长率无法获得1月份数据，其他指标也存在不规则的数据缺失情况，本书对此采取了两种处理方式，即事先采用插值法填补和直接将缺失的数据在状态空间模型中进行估算。实际估计结果显示，这两种处理方式得到的房地产业景气指数几乎完全相同。

与前文一致，本节模型构建时将滞后阶数设定为1，对所有指标进行了标准化处理，并对因子载荷矩阵施加约束条件：对应于房地产业增加值实际同比增长率的因子载荷为1。

三 房地产业景气指数估计结果及周期性波动特征分析

（一）房地产业景气指数结果

房地产业景气指数见图5-3，结果显示本节提取的房地产业景气指数和房地产业增加值实际同比增长率的整体趋势和波动幅度一致性较好，主要周期转折点基本重合。

表5-6为模型估计结果，其中，β对应各一致指标的因子载荷，可作为判断各一致指标对共同因子提取贡献程度的依据；φ_f和φ_u分别为共同因子和异质性成分的自回归系数；σ_u表示异质性成分的标准

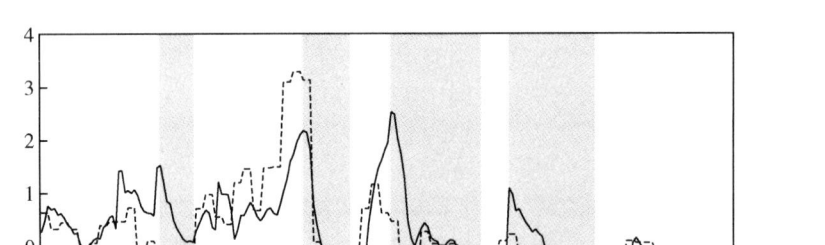

差；L 为模型的对数似然值。

图 5-3　房地产业景气指数（实线）与标准化房地产业

增加值实际同比增长率（虚线）

表 5-6　　　　房地产业混频动态因子模型参数估计结果

	REAV	REECI	COUT	RESF	TSCB	TPLT
β	1	1.08*** (0.119)	0.833** (0.364)	0.378*** (0.132)	1.346*** (0.332)	0.449** (0.214)
φ_u	0.754*** (0.026)	0.803*** (0.054)	0.549*** (0.067)	0.90*** (0.0163)	0.805*** (0.017)	0.854*** (0.489)
σ_u	0.137*** (0.011)	0.264*** (0.041)	0.209*** (0.017)	0.145*** (0.034)	0.286*** (0.064)	0.18*** (0.032)
φ_f	0.781 (0.095)***					
L	-1201.1					

注：括号内为参数对应的标准差；**、***分别表示在5%、1%的显著性水平下拒绝参数不显著的原假设。

结果显示，所有参数均在5%显著性水平下显著，除基准指标房地产业增加值实际同比增长率外，房地产业景气指数在商品房销售同比额增长率、企业家信心指数：房地产业和水泥产量同比增长率三个指标的因子载荷明显占优，分别为1.346、1.08和0.833，说明房地产业景气指数的提取主要受这三个指标和基准指标的影响较大。而房地产开发资金来源同比增长率和100大中城市：成交土地总价同比增长率的因子载荷相对较低，分别为0.378和0.449，最可能造成这种结果的原因是这两个指标的时差相关系数相比其他一致指标比较滞后，与基准指标及其他一致指标的同期相关程度较低。

本书计算了各一致指标与房地产业景气指数的person相关系数，其中，房地产业增加值实际同比增长率、企业家信心指数：房地产业、商品房销售额同比增长率和房地产开发资金来源同比增长率与房地产业景气指数的person相关系数分别为0.77、0.75、0.75和0.73，均为强相关关系；100大中城市：成交土地总价同比增长率和水泥产量同比增长率与房地产业景气指数的person相关系数分别为0.59和0.55，为中等强度相关；各一致指标与房地产业景气指数的相关关系均较高。

（二）我国房地产业周期判别及波动特征分析

本节在测定房地产业周期时，结合房地产业的波动特征与经济周期类型的划分，提出了针对房地产业周期的一套判别准则，并严格区分了房地产业周期与房地产业短期波动的概念和判别标准。房地产业短周期的判别准则：（1）每个上涨或下降的周期阶段持续至少9个月；（2）一个完整的谷—谷周期至少持续30个月。中周期的判别准则：（1）每个上涨或下降的周期阶段至少持续18个月；（2）一个完整的谷—谷周期至少持续60个月。另外，将满足B-B准则但不满足房地产业周期标准的一个循环视为房地产业短期波动。根据以上的判别标准，房地产业周期的定义要比房地产业短期波动的定义更为严格，一个房地产业周期内可包含多个房地产业短期波动。

表5-7列举了房地产业景气指数转折点信息，收缩期在图5-3中由阴影部分标出。综合图5-3和表5-7，根据本书提出的房地产业周期判别准则可初步判断，2001年1月至2018年9月，房地产增长

共经历了四轮谷—谷的景气短周期。2002年3月至2004年12月这一房地产周期持续了33个月,其中,扩张期(2002年4月至2004年2月)23个月,收缩期(2004年3月至2004年12月)10个月,属于长扩张型周期;2004年12月至2008年12月周期长度为48个月,该轮周期扩张期(2005年1月至2007年10月)34个月,收缩期(2007年11月至2008年12月)14个月,同样属于长扩张型周期;2008年12月至2012年4月这一轮房地产短周期长度为40个月,扩张期(2009年1月至2010年1月)13个月,收缩期(2010年2月至2012年4月)27个月,属于长收缩型周期;2012年4月至2015年3月这一轮房地产短周期长度为35个月,扩张期(2012年5月至2013年1月)9个月,收缩期(2013年2月至2015年3月)26个月,属于长收缩型周期。2016年4月,房地产业景气指数进入21世纪的第五轮景气周期,在经历了14个月的景气上行期后,在2016年4月达到本轮周期峰点后转而下行。最新的数据结果显示,当前我国房地产市场仍处于景气下行阶段,但2018年7月开始有企稳回升的趋势。

表5-7　　　　　　　房地产业景气指数转折点结果

波谷	波峰	持续期(月)
2002年3月	2004年2月	
2004年12月	2007年10月	33
2008年12月	2010年1月	48
2012年4月	2013年1月	40
2015年3月	2016年4月	35

注:持续期按相邻两个波谷间隔时间计算。

根据转折点测定的结果,本书对房地产业周期的主要波动特征进行测算,相关特征指标见表5-8。从总体上看,21世纪房地产业景气波动的平均周期长度为39个月,其中上涨阶段的平均持续期为20个月，下降阶段的平均持续期为 19 个月，持续期并未呈现明显非对称周期特征；上涨阶段平均振幅（2.83）小于下降阶段平均振幅（3.17），平均上涨速度（每月 0.14 个指数点）小于平均下降速度（每月 0.16 个指数点），呈现"缓增速降"的非对称周期特征。

表 5-8　　　　　　　　房地产业周期波动特征指标

测量指标	2001年1月—2017年11月	2002年3月—2004年12月	2004年12月—2008年12月	2008年12月—2012年4月	2012年4月—2015年3月
平均上涨概率	0.51	0.70	0.71	0.325	0.26
上涨阶段（平均）持续期（月）	20	23	34	13	9
上涨阶段（平均）振幅	2.83	1.7	2.09	4.95	2.53
上涨速度（指数点/月）	0.14	0.07	0.06	0.38	0.28
平均下降概率	0.49	0.30	0.29	0.675	0.74
下降阶段（平均）持续期（月）	19	10	14	27	26
下降阶段平均振幅	3.17	1.52	4.54	4.03	2.57
下降速度（指数点/月）	0.16	0.15	0.32	0.15	0.1
平均位势	0.34	0.86	0.51	0.22	-0.13
波动率	1.43	0.75	1.52	1.64	1.14

注：1. 2001 年 1 月—2018 年 9 月的周期特征是针对样本期间四个完整房地产短周期平均测算的结果。
2. 平均上涨（下降）概率是上涨（下降）阶段平均持续期与相应的周期长度之比。
3. 上涨（下降）速度是上涨（下降）阶段平均振幅与相应的平均持续期之比。
4. 波动率为指数标准差。

2008 年 12 月至 2012 年 4 月这一轮房地产周期上涨阶段平均振幅（4.95）大于下降阶段的平均振幅（4.03），上涨速度（每月 0.38 个指数点）显著高于下降速度（每月 0.15 个指数点）。2012 年 4 月至 2015 年 3 月这一轮房地产业短周期上涨阶段平均振幅（2.53）略小于下降阶段的平均振幅（2.57），上涨速度（每月 0.28 个指数点）显著高于下降速度（每月0.1个指数点）。国际金融危机之后的两轮房地产业景气周期均显示出以收缩期为主导的"急增缓降"非对称周期特征。国际金融危机前后周期特征的变化直接反映了当时宏观经济环境恶化对我国房地产业增长的影响。结合图5-3与表5-8，发现2008年12月之后，房地产业景气指数波动形态与物理学中阻尼运动的图形极为相似，指数波动渐趋稳定，波幅减小，且运行态势低位平稳。

（三）房地产业景气波动的历史考查

结合21世纪以来我国对房地产行业出台的相关政策可理解我国的房地产业周期形成的政策和经济背景。2001年我国对住房消费采取扶持性政策，房地产市场对住宅、办公用房以及商业用房的需求扩大，房地产业景气指数攀升至2004年2月到达第一轮房地产短周期峰点。2004年开始，我国采取适度从紧的金融政策，2004年10月央行加息，致使本次房地产业短周期在2004年12月降至谷点。该轮房地产业短周期特点是振幅小、周期短且周期内存在多个小幅波动。

2005年房地产市场回暖，房地产业投资扩张使其经历了2006—2007年的快速发展。为避免房地产市场过热，多项关于房地产业和信贷的紧缩政策出台，如调整住房转让营业税和上调存款准备金率等，但政策滞后性使其在2007年年底才取得成效，2007年10月起房地产业进入景气下行阶段。受国际金融危机与我国房地产市场紧缩政策的双重影响，2008年12月我国房地产业景气指数迅速降至第二轮景气周期的谷点，且这一收缩阶段的振幅与下降速度都达到考察期内的最大值，呈现出典型非对称周期特征。

2008年为应对席卷全球的国际金融危机，国家调控政策从上半年的"抑制过热"转为下半年的"维稳"。2008年下半年，我国央行对贷款利率和住房公积金贷款利率实行"双率下调"政策，四次下调存贷基准利率，两次下调法定准备金率；同年11月，当局出台继续扩大内需、促进经济增长的十项措施。一系列政策致使房地产市场在2008年12月触底反弹，开始新一轮周期上升至2010年1月峰点。受政策影响，加之前一轮短周期谷点过低，该轮房地产业景气指数迎来爆发性上升，上涨阶段（平均）振幅和上涨速度同时达到考察期内的最高值，使本轮房地产短周期形成与前一轮完全相反的周期形态。为抑制不合理的住房需求，2010年1月，国务院办公厅出台"国十一条"[①]对二套房贷进行严格管理，明确规定二套房贷首付不能低于40%；随后国务院颁布的"新国十条"[②] 又提高对贷款购买第三套以上住房的贷款首付比例和贷款利率；2010年9月，央行和银监会严格执行差别化的房贷政策，暂停发放第三套房及以上住房贷款。2011年1月国务院推出的"新国八条"[③] 又将二套房贷款首付比例提高至60%并进一步提升贷款利率。一系列房地产市场调控措施使房地产业景气指数在2012年4月回落至第三轮房地产业短周期的谷点。

随着中国经济进入新常态阶段，房地产市场持续回暖，房地产业景气指数经过9个月的加速上行，于2013年1月回到峰点，但上涨阶段（平均）振幅较第三轮房地产短周期相比明显减小。随后房地产业景气指数再度出现转折，由于银行房贷收紧、市场预期走低、供求关系转变，加之市场需求和购买力在之前几年的透支，房地产业景气指数一路回落至2015年3月第四轮短周期的谷点，之后企稳回升，开始新一轮房地产业短周期。

随着2015年5月央行下调金融机构人民币存贷款基准利率并调整个人住房公积金存贷款利率，央行和银监会松绑限贷，放松二套房贷限制同时降低最低首付比例，房地产业景气指数回暖，经过13

[①] 《国务院办公厅关于促进房地产市场平稳健康发展的通知》。
[②] 《国务院关于坚决遏制部分城市房价过快上涨的通知》。
[③] 八条房地产市场调控措施。

个月小幅攀升至2016年4月这一暂定峰点。本轮房地产业周期上涨阶段（平均）振幅较之前相比进一步减小，房地产业周期波动逐渐减弱的趋势明显。房地产业波动减缓一方面受经济新常态背景的影响，另一方面，2014年起我国深化房地产市场改革，完善住房体系，加快建立健全房地产长效机制，房地产市场逐渐趋于稳定。随着2016下半年房地产市场政策不断收紧，热点城市限购限贷以及各项监管措施频频加码，房地产业景气指数一路回落，后在2018年7月开始出现回升的趋势，而是否达到这一轮周期的谷点需要进一步的监测。

（四）房地产业景气指数与国房景气指数

国房景气指数为国家统计局发布的反映中国房地产业发展变化趋势和变化程度的综合量化指标体系。通过图5-4中房地产业景气指数和国房景气指数分别与房地产业增加值实际同比增长率的对比不难发现，第一，本书构建的房地产业景气指数与房地产业增加值实际同比增长率的一致性更好一些，各主要峰谷点基本重合，且两个指标的上升和下降趋势比较统一，而国房景气指数与房地产业增加值实际同比增长率的主要峰谷点有明显的滞后关系，通过计算二者之间的时差相关系数可知，国房景气指数滞后房地产业增加值实际同比增长率约6个月。第二，2016年3月以来，国房景气指数与房地产业增加值实际同比增长率走势呈反向变动趋势，而在这段时期房地产业景气指数则与房地产业增加值实际同比增长率一致性较好。第三，从图形上看，国房景气指数在2001年至2018年平均位势呈现出逐渐下降的态势，各周期的波动幅度较大，尤其在2010年年初和2015年年末与房地产业增加值实际同比增长率变化的差异较大。造成上述现象的原因可能是用于构建国房景气指数的指标中没有考虑到季度房地产业增加值的信息，而是更多地包含了滞后指标的信息，且部分

第五章 生活性服务业多维景气指数构建与周期波动特征分析 139

月度指标波动幅度较大。综上所述，本书构建的房地产业景气指数可以有效地对房地产业周期进行景气监测，与房地产业增加值实际同比增长率的一致性比国房景气指数更好。

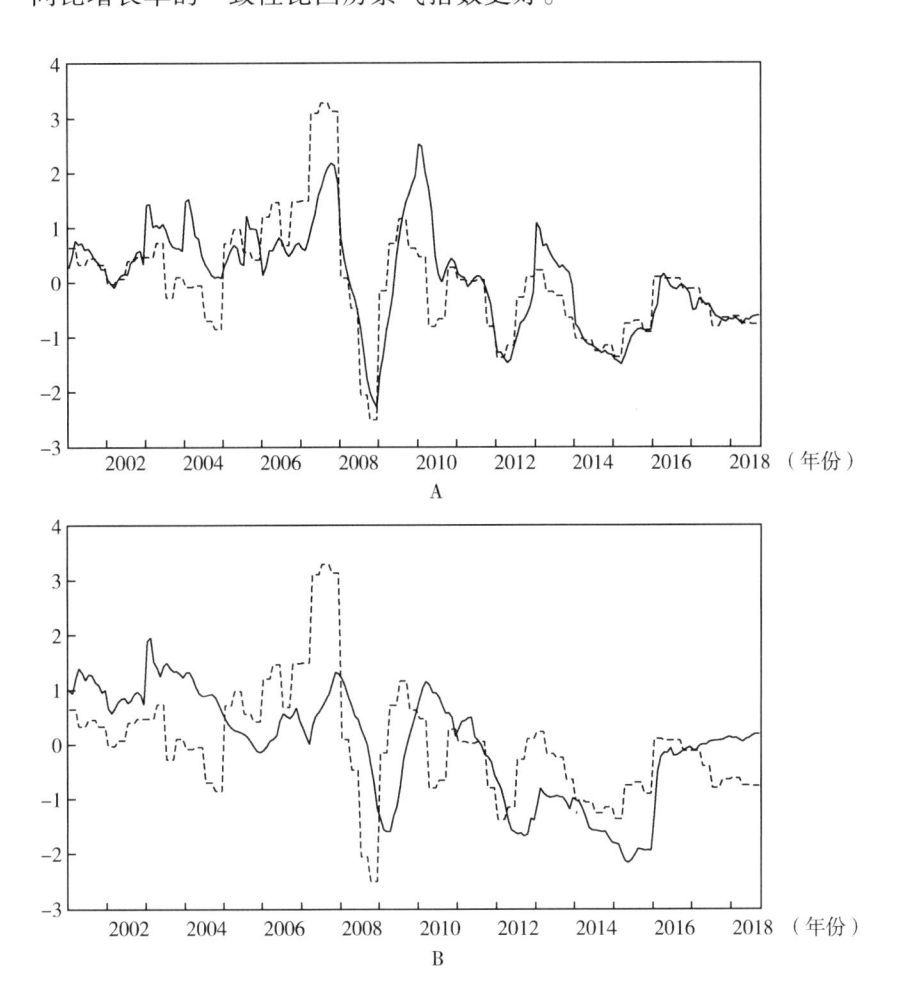

图 5-4 房地产业景气指数与国房景气指数对比

注：图 5-4-A 中实线为本书构建的房地产业景气指数，虚线为房地产业增加值实际同比增长率（标准化）；图 5-4-B 中实线为国房景气指数（标准化），虚线为房地产业增加值实际同比增长率（标准化）。

第四节 生活性服务业多维景气指数与服务业景气指数

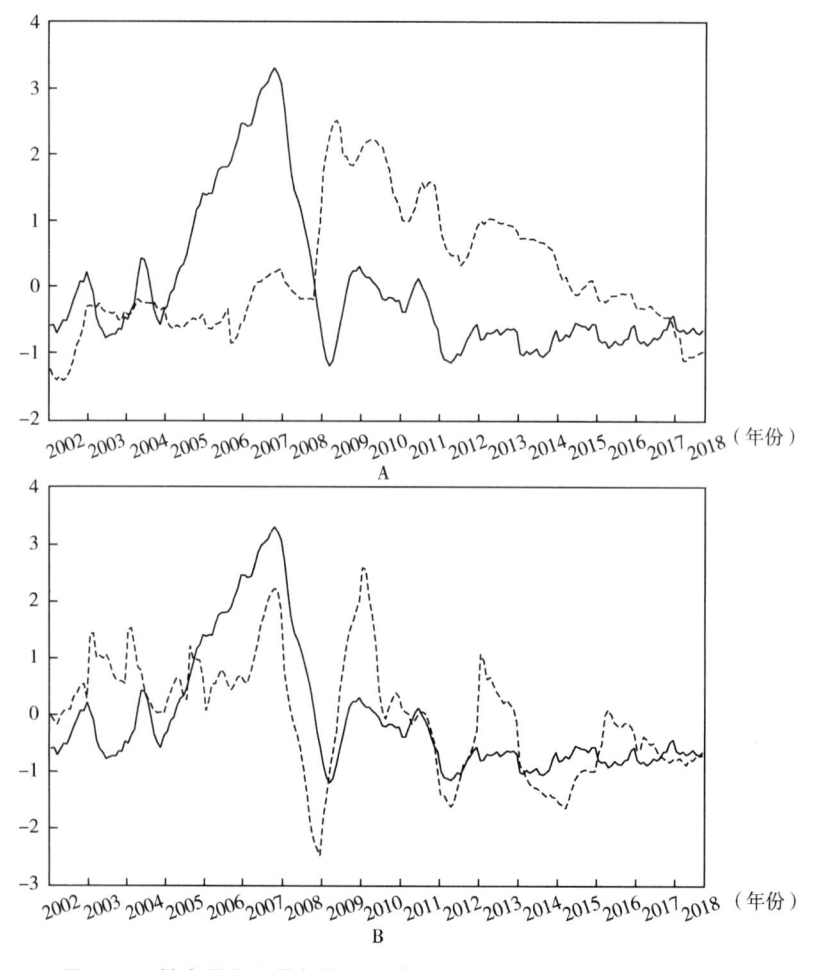

本书分别对比了批发零售业景气指数、房地产业景气指数与服务业景气指数的走势，由图5-5可知，房地产业景气指数的周期形态与

图5-5 批发零售业景气指数、房地产业景气指数与服务业景气指数

注：图5-5-A中，虚线代表批发零售业景气指数，实线代表服务业景气指数；图5-5-B中，虚线代表房地产业景气指数，实线代表服务业景气指数。

服务业更接近，但波动幅度要显著大于服务业景气指数，这从表2-4和表5-8的结果中可以得到证实；另外，房地产业景气指数的多个主要峰谷点与服务业景气指数存在短期先行关系。批发零售业景气指数与服务业景气指数相比在时间上有所滞后；在2008年之前批发零售业景气指数的平均位势和上涨、下降阶段（平均）振幅低于服务业景气指数，而2008年之后批发零售业景气指数出现了一次幅度较大的上涨，使得此后批发零售业的平均位势高于服务业。批发零售业和房地产业在国际金融危机后均表现出平均振幅和平均位势逐渐降低的特征，与服务业景气指数波动态势一致。

通过计算批发零售业景气指数、房地产业景气指数与服务业景气指数的时差相关系数发现，批发零售业景气指数滞后服务业景气指数四个月，时差相关系数为0.78；房地产业景气指数先行于服务业景气指数两个月，时差相关系数为0.58。说明生活性服务业中，房地产业领先于服务业总体的变动，对服务业存在一定的指示和拉动作用；批发零售业则滞后于服务业变动，作为服务业增加值占比最高的行业，批发零售业对服务业的拉动作用较弱。

利用Harding和Pagan（2002）提出的一致性指数，本书衡量了批发零售业和房地产业与服务业总体在转折点上的协同性。根据式（4-1）给出一致性指数ρ_{XY}的计算公式和判断标准。房地产业与服务业的一致性指数ρ_{XY}为0.61，批发零售业与服务业的景气指数ρ_{XY}为0.54，说明房地产业与服务业的协同性较好。

第五节 本章小结

一 批发零售业景气指数构建与周期波动特征分析

第一，社会消费品零售总额同比增长率、3000家零售企业零售指数和批发零售业增加值实际同比增长率三个指标对构建批发零售业景气指数的贡献较大。结合批发零售业的波动特征和经济周期类型划分，我们提出了针对批发零售业周期的判别准则。根据该判别准则，批发零售业增长在样本期内共经历了两轮谷—谷的景气周期，分别为：2003年10月至2009年6月、2009年6月至2015年4月。

第二，以2008—2009年国际金融危机时期为分界线，从持续期来看，危机之前的批发零售业上涨阶段平均持续期大于下降阶段，以上升期为主导；危机之后的批发零售业周期的上涨阶段平均持续期显著小于下降阶段，以下降期为主导。从周期形态来看，危机之前的批发零售业上涨阶段振幅高于下降阶段振幅；危机之后的批发零售业上涨阶段振幅显著低于周期下降阶段振幅。在上涨/下降速度方面，危机前后的两轮周期均呈现出上涨速度大于下降速度的"急增缓降"型非对称周期特征。

第三，我国经济进入新常态时期后，第二轮周期后期以来，批发零售业景气指数的平均振幅、平均上涨/下降速度以及波动率都显著低于经济新常态时期之前的两轮周期，呈现出波动平稳、低位运行的周期特点，体现了批发零售业在经济新常态时期与以往不同的周期新特征。

二 房地产业景气指数与周期波动特征分析

第一，房地产业景气指数受房地产业增加值实际同比增长率、商品房销售额同比增长率、"企业家信心指数：房地产业"和水泥产量同比增长率这四个指标的影响较大。结合本书提出的房地产业周期划分准则，21世纪，房地产业景气指数共经历了四轮完整的谷—谷短周期，分别为：2002年3月至2004年12月、2004年12月至2008年12月、2008年12月至2012年4月、2012年4月至2015年3月。2015年3

月以来的第五轮房地产业短周期尚未结束,而目前正处于周期下降阶段,2018年7月房地产业景气指数出现企稳回升的趋势,但是否达到该轮周期的谷点仍需要对房地产业景气指数进行进一步监测。

第二,以国际金融危机时期为界,可将房地产四个景气短周期分为两个部分。危机之前的两轮房地产短周期均呈现以扩张期为主的"缓增速降"周期特征;危机之后的两轮房地产短周期均显示出以收缩期为主导的"急增缓降"非对称周期特征。这种周期特征的变化直接反映了当时宏观经济环境恶化对我国房地产业增长的影响。且2008年12月之后,房地产业景气指数波动形态渐趋稳定,振幅减小,平均位势逐渐降低。

第三,本书将通过混频动态因子模型构建的房地产景气指数和国家统计局发布的国房景气指数分别与房地产业增加值同比增速的走势进行对比,发现本书构建的房地产业景气指数在峰谷点对应、变化趋势和振幅三个方面与房地产业增加值同比增速的一致性较好,走势更为接近。

三 生活性服务业周期波动特征总结

第一,持续期方面,房地产业、服务业和批发零售业的持续期依次递增,批发零售业在样本期内周期持续期最长,经历周期数量最少,而房地产业周期最多且持续期最短。

第二,波动率方面,批发零售业、服务业和房地产业的波动率依次递增,国际金融危机后,房地产业的振幅减弱趋势更加明显,批发零售业在危机后处在持续收缩阶段,在2014年后逐渐由下降转为平稳波动。

第三,周期形态方面,批发零售业呈现以收缩期为主导的"急增缓降"型非对称周期特征；房地产业与服务业整体一致，呈现以扩张期为主的"缓增速降"型非对称周期特征，说明生活性服务业在持续期和增速上的非对称周期特征更多地受到房地产业景气的影响。另外，房地产业景气指数对服务业景气指数存在短期先行关系，体现了房地产业对服务业的指示和拉动作用，而批发零售业景气指数的变动则滞后于服务业景气指数。

第六章　行业周期对服务业景气影响机制的时变效应分析

第一节　引言

行业的景气变动与经济总体的景气波动具有对应关系，各行业的周期扩张和收缩会发生共振并向其他行业扩散，由此引起的一系列经济变量的变动形成了经济周期的复苏、繁荣、衰退和萧条阶段。服务业作为一个总体，其内部各行业的周期波动同样会通过产业关联引起一系列经济变量的传导而共同形成服务业的周期波动。本章将基于前文构建的服务业和重点行业多维景气指数来分析四个重点行业周期与服务业景气之间的动态关系和传导机制。

国外对行业景气与经济周期变动的研究较早，已有大量经典文献和理论。19 世纪 70 年代至 20 世纪，以 W. S. 杰文斯、H. S. 杰文斯和 H. L. 穆尔等人为代表的农业经济周期理论学派认为农业的周期变动引起其他部门的周期性变动，从而形成了宏观经济周期，这是关于经济周期波动与行业周期之间关系比较早期的研究。熊彼特在 1939 年出版的《经济周期》一书中，对多种经济周期类型进行了综合分析，并认为行业的创新活动会带动新兴产业群的出现而形成创新浪潮，这种创新浪潮会使银行信用扩大形成产业投资浪潮，从而形成经济周期。目前几种典型经济周期类型中，基钦周期主要体现为工商业部门的存货调整周期，库兹涅茨周期是与房屋建筑业的周期变动相关的经济周期。此外，Niemira（1998）认为，各产业并不是同时受经济周期影响或影响经济周期，且不同产业受经济周期影响程度和它们影响经济周期的程度不同。Greetham 和 Hartnett 对美国经济周期在 1970—2004 年不同阶段的行业表现统计发现，不同行业或企业的景气波动和资产收益都有超过经济总体的情况，并基于此提出行业轮动的投资策略。

国内学者马建堂（1990）研究了经济周期与产业结构之间的联系，包括不同行业在经济周期各阶段的表现和经济政策对各部门扩张收缩效果的影响。刘树成（2006）认为 2002 年以来新一轮周期动力来自房地产业和汽车行业的产业结构升级。孙广生（2006）讨论了产业景气和经济景气的周期特征和它们之间的关系，结论发现重工业景气波动是引起我国经济周期波动的主导因素，同时，他认为经济波动实际上来自各产业和行业波动效果的综合。任泽平和陈昌盛（2012）认为经济周期存在着"行业景气轮动"现象，他们从因果关系和传导机制的角度阐述了经济周期波动与行业景气变动的关系并对多个农业和工业行业构建了年度和月度景气模型。

上述关于行业周期与经济周期相关性的理论和研究同样适用于各行业周期与服务业周期的关系。由于服务业异质性较强，服务业内部的不同行业在结构特征、发展速度和对服务业总体的贡献等方面存在显著差异。李江帆等（2003）按照第三产业内部四个层次的划分，分析第三产业四个层次占第三产业比重与第三产业占国民经济比重的关系，发现第三产业的内部结构升级体现为第一层次（流通部门）比重的下降和第二层次（生产和生活服务部门）比重的上升。陈凯（2008）从美国服务业内部结构在 1950—2005 年的变动趋势中发现，服务业内部结构变化的规律主要表现为流通服务业比重的下降和生产性服务业比重的上升。由于生产性服务业主要为服务业提供中间产品，发达国家极高的服务业比重为生产性服务业提供了强大的需求基础，从而对优化产业结构并促进经济增长有着重要作用。

如图6-1所示，2002年，批发零售业、交通运输业、金融业和房地产业的行业增加值对服务业增加值占比依次递减。2004年至2008年，金融业、房地产业和交通运输业在服务业中所占份额发生了明显的结构性改变，三个行业在服务业中的地位重新洗牌：交通运输业排名一路下降，从第二位降到第四位；金融业的排名从第三位提高到第二位，但在2004年下半年至2006年上半年曾降至第四位；房地产业在服务业中的比重在这期间总体上呈上升趋势，排名上升至第三位。2009年以来，四个行业在服务业中占比的位置排序保持稳定，批发零售业、金融业、房地产业和交通运输业行业增加值对服务业增加值占比依次递减。从数值上看，金融业和房地产业在服务业中的份额与2002年相比有了明显的提高，交通运输业的份额则显著下滑，批发零售业虽然一直是增加值占比最高的行业，但与2002年相比也有一些回

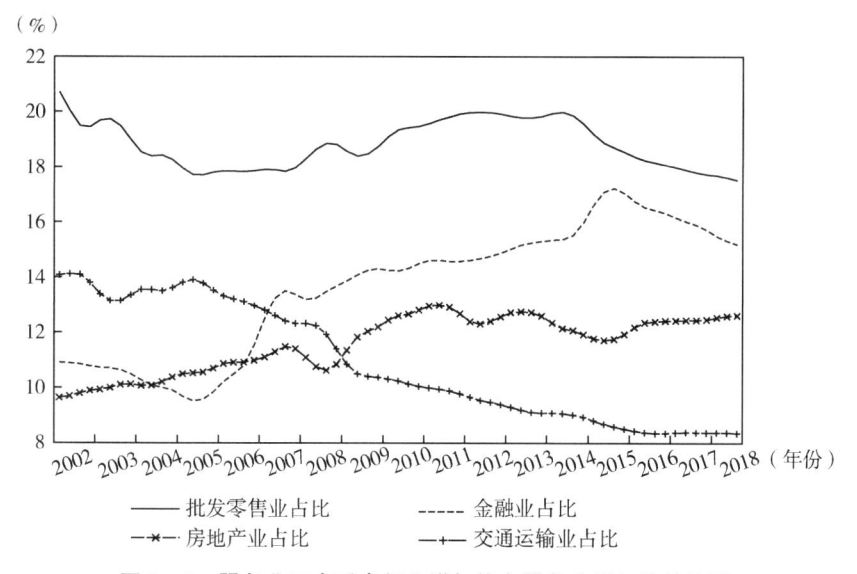

图6-1 服务业四个重点行业增加值占服务业增加值的比重

落。服务业内部的行业结构自2002年以来发生了较大的变化,四个重点行业所占份额、变化方向和变化速度都有显著的差异,且随时间的推移发生改变。

由于服务业内各行业的异质性和发展的不平衡会使得行业景气对服务业周期的作用效果和传导机制存在差异,鉴于此,本章将利用第二章、第四章和第五章中对服务业整体、金融业、交通运输业、批发零售业和房地产业分别构建的景气指数,采用带有随机波动的时变参数向量自回归模型(TVP-SV-VAR)重点考察四个行业的周期波动对服务业运行影响的时变特征以及服务业景气在四个行业冲击作用下的动态响应机制。通过研究服务业内部四个更加细化的分支行业与服务业整体之间的时变关系进一步探究服务业各行业景气对整体的结构性影响。

以往相似研究多数是基于服务业各行业的增加值占比的统计分析,侧重于产业结构的演变,很少涉及行业周期与服务业整体周期之间关系,且多数研究都没有考虑到数据之间的非线性关系,在指标选择上更缺乏综合性与时效性。本书与现有研究的相似之处在于研究思路都基于各类服务业的异质性来研究服务业内部的行业与服务业整体之间的关系。其中,参照《中华人民共和国国民经济和社会发展第十二个五年规划纲要》,金融业和交通运输业属于生产性服务业,房地产业和批发零售业属于生活性服务业或消费性服务业。本书与以往研究的不同之处在于,第一,以往研究多基于增加值占比进行简单数据统计,本书从综合景气指数的角度考察服务业整体受各行业景气冲击影响的大小和时变响应机制。第二,以往研究多数基于线性模型,本书侧重行业周期与服务业周期之间的动态关系,在TVP-SV-VAR框架下重点分析服务业内部各行业周期对整体景气的结构性影响。此外,由于本书选取的四个行业分别属于生产性服务业和生活性服务业,因此,总结上述四个行业对服务业冲击影响的变化规律可作为判断这两类服务行业对服务业总体周期传导的时变特征以及冲击响应路径的依据。

第二节 计量模型的研究现状

向量自回归模型（VAR）最早由 Sims（1980）提出，随后该方法被应用在各类宏观经济问题的研究中，在宏观经济研究领域占有重要地位。VAR 模型作为一种常系数的静态模型，包含的假设是待估参数和随机扰动项的方差—协方差矩阵均为恒定。这一假设潜在地认为经济系统处在一个较少发生结构性突变的均衡状态，在降低模型估计复杂度的同时也削弱了模型对不稳定经济变量间长期均衡关系的解释效力，显然不符合当前的宏观经济形势。因此，不少学者将线性 VAR 模型扩展为非线性 VAR 模型，包括多区制 VAR 模型以及时变参数向量自回归模型（TVP - VAR）的方法。多区制 VAR 模型主要包括马尔科夫区制转移向量自回归（MS - VAR）模型、门限向量自回归模型（TVAR）和平滑转移向量自回归模型（STVAR）等。多区制 VAR 模型虽然可以较好地模拟宏观经济变量的结构突变特征，但一方面，区制数目的选择具有主观性且为有限个数，随着区制数目的增加，模型效果会随之减弱；另一方面，经济变量之间的冲击和影响在现实经济环境中更多是逐渐显现的，而非瞬间的结构性突变，所以相比多区制 VAR 模型，时变参数的模型更符合经济现实。

为了描述经济系统的渐进和连续变化过程，Canova（1993）提出带漂移系数的 VAR 模型。Sims（2001）等认为，仅允许系数存在时变特征的模型包含的结构冲击不变假设与现实经济不符，因为在多数情况下，一个经济变量的数据生成过程就包含漂移系数和随机波动的冲击，那么使用时变系数却忽略了方差的时变特征可能导致时变参数的估计结果存在偏差。为解决这一问题，Cogley 和 Sargent（2003）基于变量间同期相关关系不变的假设提出了同时具有时变系数和时变方差特征的 VAR 模型。Primiceri（2005）又放松了 Cogley 和 Sagent（2003）模型的"变量间同期相关关系不变"的假定，进一步扩展为系数、方差—协方差矩阵以及冲击的同期关系均为时变的 VAR 模型，即本书所采用的 TVP–SV–VAR 模型。上述三个时变假设保证模型不仅可以刻画出经济结构潜在的渐变过程，同时可以捕捉经济中可能存在的结构突变。Nakajima（2011a）利用 Kim 等（1998）使用混合抽样确定后验分布的方法对 Primiceri（2005）的极大似然估计方法进行改进。由于模型的参数设定形式极为灵活，在实际应用中可以得到更符合现实的结论，TVP–SV–VAR 模型在国内外宏观经济研究中得到了广泛的应用（Primiceri，2005；Benati，2008；Nakajima，2011b；刘金全等，2014，2015；陈创练等，2017）。需要特别指出的是，刘尧成和刘伟（2019）构建金融业景气指数并构造中国经济结构失衡指标，基于 TVP–SV–VAR 模型分析了金融周期对经济结构失衡的传导机制，并将这一方法应用到行业周期对经济总体影响机制的研究中。

第三节 模型构建与估计方法

一 TVP–SV–VAR 模型的设定

关于模型的设定，本书首先考虑一个基本的 SVAR 模型：

$$Ay_t = F_1 y_{t-1} + F_2 y_{t-2} + \cdots + F_s y_{t-s} + u_t \qquad (6-1)$$

其中，y_t 是一个 $k \times 1$ 维的可观测内生变量向量，A，F_1，F_2，$\cdots$，F_s 是 $k \times k$ 维的系数矩阵，s 表示内生变量的滞后阶数，u_t 是一个 $k \times 1$ 维的结构化冲击向量，假设 $u_t \sim N(0, \sum \sum')$，$t = s+1, s+2, \cdots$，

n，n 为内生变量样本长度，另外：

$$\Sigma = \begin{bmatrix} \sigma_1 & 0 & \cdots & 0 \\ 0 & \sigma_2 & \cdots & 0 \\ \vdots & \vdots & \ddots & \vdots \\ 0 & 0 & \cdots & \sigma_n \end{bmatrix} \quad (6-2)$$

这里 σ_i（$i=1$，…，k）是结构化冲击的标准差。本书假设结构冲击的联立关系服从递归识别（Recursive Identification），即假设 A 为如下三角矩阵：

$$A = \begin{bmatrix} 1 & 0 & \cdots & 0 \\ a_{21} & \ddots & \ddots & \vdots \\ \vdots & \ddots & \ddots & 0 \\ a_{k1} & \cdots & a_{k,k-1} & 1 \end{bmatrix} \quad (6-3)$$

式（6-1）可改写为如下形式的 VAR 模型，

$$y_t = B_1 y_{t-1} + B_2 y_{t-2} + \cdots + B_S y_{t-s} + A^{-1} \sum \varepsilon_t，\varepsilon_t \sim N(0, I_k)$$
$$(6-4)$$

$B_i = A^{-1} F_i$，$i=1$，…，s，定义 $X_t = I_k \otimes (y'_{t-1}, \cdots, y'_{t-k})$，$\otimes$ 表示克罗内克积，将矩阵 B_i 每一行的元素堆叠起来形成 $k^2 s \times 1$ 维的列向量 β，式（6-4）可简化为：

$$y_t = X_t \beta + A^{-1} \sum \varepsilon_t \quad (6-5)$$

上文描述的 VAR 模型中所有参数都是非时变的，下文将构造时变参数的向量自回归模型。TVP-VAR 可表示为：

$$y_t = B_{1t} y_{t-1} + B_{2t} y_{t-2} + \cdots + B_{st} y_{t-s} + e_t \quad (6-6)$$

这里的 y_t、s、t 以及 $\sum$ 所表示的含义与式（6-1）含义相同。$B_{it} = A_t^{-1} F_{it}$，i=1，…，s，e_t 是一个方差—协方差矩阵为 Φ_t 的随机扰动向

量, $e_t = A^{-1} u_t$。

本书将式 (6-6) 中 B_{1t}, B_{2t}, ⋯, B_{st} 这些时变系数矩阵中所有元素的堆叠向量 (Stacked Vector) 记为 β_t, 则有如下状态空间形式:

$$y_t = X_t \beta_t + e_t \qquad (6-7)$$

$$\beta_{t+1} = \beta_t + u_{\beta t} \qquad (6-8)$$

其中, 式 (6-7) 是量测方程, 式 (6-8) 为状态方程。与前文一致, $X_t = I_k \otimes (y'_{t-1}, \cdots, y'_{t-k})$, 令 β_t 服从多元随机游走过程, 式 (6-8) 的随机扰动项 $u_{\beta t} \sim N(0, \sum_\beta)$。

将方差—协方差矩阵 Φ_t 分解成如下形式:

$$A_t \Phi_t A'_t = \sum\nolimits_t \sum\nolimits'_t \qquad (6-9)$$

从而描述模型的随机波动异方差特征, $var(e_t) = A_t^{-1} \sum_t \sum'_t (A'_t)^{-1}$。所以, 式 (6-7) 表示的 TVP-SV-VAR 模型可写成如下形式:

$$y_t = X_t \beta_t + A_t^{-1} \sum\nolimits_t \varepsilon_t, \quad t = s+1, \cdots, n \qquad (6-10)$$

在这里系数向量 β_t、参数矩阵 A_t 和 $\sum_t$ 都是时变的,

$$A_t = \begin{bmatrix} 1 & 0 & \cdots & 0 \\ a_{2,1t} & \ddots & \ddots & \vdots \\ \vdots & \ddots & \ddots & 0 \\ a_{k,1t} & \cdots & a_{k,k-1t} & 1 \end{bmatrix} \qquad (6-11)$$

$$\sum\nolimits_t = \begin{bmatrix} \sigma_{1t} & 0 & \cdots & 0 \\ 0 & \sigma_{2t} & \cdots & 0 \\ \vdots & \vdots & \ddots & \vdots \\ 0 & 0 & \cdots & \sigma_{nt} \end{bmatrix} \qquad (6-12)$$

令 a_t 表示下三角矩阵中元素 (矩阵 A_t 中非 0 和非 1 的元素) 的一个

堆叠向量；$h_t = (h_{1t}, \cdots, h_{kt})$ 且 $h_{jt} = log(\sigma_{jt}^2)$，$j = 1, \cdots, k$，$t = s + 1, \cdots, n$。式（6-10）中的参数服从如下的随机游走过程：

$$\beta_{t+1} = \beta_t + u_{\beta t} \quad (6-13)$$

$$a_{t+1} = a_t + u_{at} \quad (6-14)$$

$$h_{t+1} = h_t + u_{ht} \quad (6-15)$$

$$\begin{pmatrix} \varepsilon_t \\ u_{\beta t} \\ u_{at} \\ u_{ht} \end{pmatrix} \sim N \begin{pmatrix} 0, & \begin{pmatrix} I & 0 & 0 & 0 \\ 0 & \sum_\beta & 0 & 0 \\ 0 & 0 & \sum_a & 0 \\ 0 & 0 & 0 & \sum_h \end{pmatrix} \end{pmatrix} \quad (6-16)$$

其中，$t = s + 1, \cdots, n$，$\beta_{s+1} \sim N(\mu_{\beta_0}, \sum_{\beta_0})$，$a_{s+1} \sim N(a_{\beta_0}, \sum_{a_0})$，$h_{s+1} \sim N(h_{\beta_0}, \sum_{h_0})$。本书假设时变参数 β_t、a_t、h_t 之间的冲击是不相关的，并进一步假定 $\sum_\beta$、$\sum_a$、$\sum_h$ 均为对角矩阵；漂移系数和参数的设定充分捕捉到 VAR 结构的时变特征。本书的动态设定充分允许参数随时间变化，在此过程中驱动参数进行时变的冲击是不相关的（Primiceri，2005；Nakajima，2011a）。

对于上述模型的参数设定说明如下：

第一，本章主要分析服务业各行业的结构化冲击对服务业整体景气的影响，所以对于 A_t 的下三角矩阵设定不仅可以满足 VAR 模型递归识别的要求，也能有效减少待估计参数的数量，在简化模型的同时保留原有的经济含义。

第二，对时变参数服从随机游走过程的设定有两个原因：第一，本书使用的含有随机波动的时变参数向量自回归模型中包含大量的待估计参数，这一设定可以有效减少待估计参数的个数，从而简化估计过程。第二，由于本章的分析需要选取一些典型化时点来分析结构化冲击影响的效果，而相较传统的自回归模型，随机游走过程更容易捕捉时点信息。结构化冲击方差（σ_t^2）的对数也被假定服从随机游走过程，这属于随机波动研究范畴（Shephard，2005）。在金融文献中，波动率对数（h_t）通常设定为服从平稳过程，如一阶自回归（AR（1））过程。而本书假设h_t服从的随机游走过程是非平稳的，它在分析一些日度金融数据的长期行为时效果可能不太理想，而本书的研究基于月度宏观数据，样本长度相对较短，随机游走的假设可以识别变量的渐进结构变化或者结构突变（Primiceri，2005）。

第三，各参数扰动项的协方差矩阵分别为$\sum_\beta$、$\sum_a$、$\sum_h$，均被设定为对角阵。TVP-SV-VAR模型的估计结果对$\sum_h$的选取形式并不敏感（Nakajima，2011a），且参考以往研究的模型设定（Primiceri，2005；Nakajima，2011a，2011b），$\sum_a$均被设定为对角阵形式。

第四，在使用乔列斯基分解的单位冲击来刻画模型内第i个变量对第j个变量的脉冲响应时，由于本章模型设定的A_t矩阵是时变的，变量间的冲击响应也是时变的，由此可以对变量间的动态作用关系进行考察，这种联立关系时变的思想是TVP-SV-VAR模型与一般VAR模型相比的创新之处。

二 模型参数估计方法

估计带有随机波动的时变参数向量自回归模型要解决两个问题：第一，时变模型的待估参数过多会降低模型估计结果的准确性，且对脉冲响应结果也有一定程度的影响（Koop & Korobilis，2012）；第二，包含随机波动的模型会令估计过程更加烦琐。因此，参考多数TVP-SV-VAR模型的研究惯例，本书采用贝叶斯方法来估计模型，首先基于贝叶斯思想把原始样本分为多个子样本进行估计得到先验值,再采用马尔科夫链蒙特卡洛(MCMC)模拟算法对参数的条件后验概率进行重复随机抽样,得到参数的联合后验分布和递归估计,这种方法可以有效处理高维参数和非线性模型问题。

对 TVP – SV – VAR 模型进行抽样的关键是基于其他参数对 $\beta = \{\beta_t\}_{t=s+1}^{n}$、$a = \{a_t\}_{t=s+1}^{n}$ 和 $h = \{h_t\}_{t=s+1}^{n}$ 进行联合抽样。设 $y = \{y_t\}_{t=1}^{n}$,$\omega = (\sum_\beta, \sum_a, \sum_h)$,令 $\pi(\omega)$ 表示 ω 的先验概率密度。给定 y 的数据,本书可以从后验分布 $\pi(\beta, a, h, \omega | y)$ 中进行取样,MCMC 算法步骤如下:

第一,初始化 β,a,h 和 ω。

第二,抽样 $\beta | a, h, \sum_\beta, y$。

第三,抽样 $\sum_\beta | \beta$。

第四,抽样 $a | \beta, h, \sum_a, y$。

第五,抽样 $\sum_a | a$。

第六,抽样 $h | \beta, a, \sum_h, y$。

第七,抽样 $\sum_h | h$。

第八,重复第二步。

我们通过 Durbin 和 Koopman(2002)的办法来实现步骤二和步骤四,并将模型改写为线性高斯状态空间形式。在步骤六中,随机波动 h 需进行多次移动抽样(Multi-move Sampler),这种方法是通过原始模型精确的条件后验密度(Conditional Posterior Density)获得样本,由 Shephard 等(1997)提出,后又经过 Watanabe 和 Omori(2004)进行了修正。对随机波动 h 抽样需要构建一个非线性非高斯状态空间模型,由于我们假定 $\sum_h$ 是对角矩阵,因此条件后验分布 $\{h_{jt}\}_{t=s+1}^{n}$ 对 $j = 1, \cdots,$

k独立,从而简化了对h的抽样。步骤三、步骤五和步骤七直接从共轭分布下的Gamma分布进行抽样。具体抽样方法如下:

第一,利用先验信息初始化所有参数向量和矩阵:β、a、h和ω。参照Nakajima(2011a)的设定,本书假设β、a、h先验服从正态分布,均值为:$\mu_{\beta_0} = \mu_{a_0} = \mu_{h_0} = 0$,协方差矩阵为:$\sum_{\beta_0} = \sum_{a_0} = \sum_{h_0} = 10 \times I$,并假定协方差矩阵的第$i$个元素服从逆Gamma分布,$(\sum_\beta)_i^{-2}$ ~ Gamma(40, 0.02),$(\sum_a)_i^{-2}$ ~ Gamma(40, 0.02),$(\sum_h)_i^{-2}$ ~ Gamma(40, 0.02)。

第二,为对β进行抽样,本书将以β_t作为状态变量的状态空间模型写为:

$$y_t = X_t \beta_t + A_t^{-1} \sum_t \varepsilon_t, \quad t = s+1, \cdots, n \quad (6-17)$$

$$\beta_{t+1} = \beta_t + u_{\beta t}, \quad t = s+1, \cdots, n \quad (6-18)$$

这里,$\beta_s = \mu_{\beta_0}$且$\mu_{\beta s}$ ~ $N(0, \sum_{\beta_0})$。根据Nakajima等(2011a)做法,综合利用状态空间模型形式下的模拟平滑(Simulation Smoother)以及Kalman滤波方法,本书可以得到时变参数β的联合后验概率密度$\pi(\beta_{s+1}, \cdots, \beta_n | a, h, \sum_\beta, y)$。在给定了$a$、$h$、$\sum_\beta$的先验信息和样本信息$y$的条件下,就可以对$\beta$进行抽样,具体计算过程详见Durbin和Koopman(2002)。

第三,抽样$\sum_\beta$,在第二步参数β确定后就可以得到$\sum_\beta$的条件后验分布。令$\sigma_{\beta i}$表示$\sum_\beta$的第i个对角元素,由于$\sum_\beta$被假定为对角矩阵,那么每一时期的参数β彼此不相关,本书对$i = 1, \cdots, k$分别抽取$\sigma_{\beta i}$。在此本书先验地设定$\sigma_{\beta i}^{-2}$ ~ Gamma($s_{\beta_0}/2, S_{\beta_0}/2$),而后得到$\sigma_{\beta i}^{-2}$的条件后验概率密度分布$\sigma_{\beta i}^{-2}$ ~ Gamma($\hat{s}_{\beta_0}/2, \hat{S}_{\beta_0}/2$),其中,

$\widehat{s}_{\beta_0} = s_{\beta_0} + n - s - 1$，$\widehat{S}_{\beta_0} = S_{\beta 0} + \sum_{t=s+1}^{n-1}(\beta_{i,t+1} - \beta_{i,t})^2$，$\beta_{it}$是$\beta_t$的第 i 个元素。由此，在参数$\beta$给定时，可从$\sigma_{\beta i}^{-2}$的条件后验概率密度分布中抽取$\sigma_{\beta i}$（$\sigma_{\beta i}^{-2}$）。

第四，从条件后验分布$\pi(a \mid \beta, h, \sum_a, y)$中抽取 a，可以先利用 TVP - SV - VAR 模型的状态空间形式推导关于 a 的状态空间形式：

$$A_t(y_t - X_t\beta_t) = \sum\nolimits_t \varepsilon_t \qquad (6-19)$$

通过在步骤二得到的β值可以得出$\widehat{y}_t = y_t - X_t\beta_t$，那么

$$A_t\widehat{y}_t = \sum\nolimits_t \varepsilon_t \qquad (6-20)$$

对矩阵A_t进一步拆分，

$$\left(\begin{bmatrix} 1 & 0 & \cdots & 0 \\ 0 & 1 & \cdots & 0 \\ \vdots & \vdots & \ddots & \vdots \\ 0 & 0 & \cdots & 1 \end{bmatrix} - \begin{bmatrix} 0 & 0 & \cdots & 0 \\ -a_{2,1t} & 0 & \cdots & 0 \\ \vdots & \vdots & \ddots & \vdots \\ -a_{k,1t} & -a_{k,2t} & \cdots & 0 \end{bmatrix}\right)\widehat{y}_t = \sum\nolimits_t \varepsilon_t$$

$$(6-21)$$

对式（6-21）进行移项后，

$$\widehat{y}_t = \begin{bmatrix} 0 & 0 & \cdots & 0 \\ -a_{2,1t} & 0 & \cdots & 0 \\ \vdots & \vdots & \ddots & \vdots \\ -a_{k,1t} & -a_{k,2t} & \cdots & 0 \end{bmatrix}\begin{bmatrix} \widehat{y}_{1t} \\ \widehat{y}_{2t} \\ \vdots \\ \widehat{y}_{kt} \end{bmatrix} + \sum\nolimits_t \varepsilon_t \qquad (6-22)$$

最终得到状态空间模型如下：

$$\widehat{y}_t = \widehat{X}_t a_t + \sum\nolimits_t \varepsilon_t, \ t = s+1, \cdots, n \qquad (6-23)$$

$$a_{t+1} = a_t + u_{at}, \ t = s, \cdots, n-1 \qquad (6-24)$$

其中，$a_s = \mu_{a0}$，$u_{as} \sim N(0, \sum\nolimits_{a0})$，$\widehat{y}_t = y_t - X_t\beta_t$，以及

$$\widehat{X}_t =
\begin{bmatrix}
0 & \cdots & \cdots & \cdots & \cdots & \cdots & 0 \\
-\widehat{y}_{1t} & 0 & 0 & \cdots & \cdots & \cdots & 0 \\
0 & -\widehat{y}_{1t} & -\widehat{y}_{2t} & 0 & \cdots & \cdots & \vdots \\
0 & 0 & 0 & -\widehat{y}_{1t} & \cdots & \cdots & \vdots \\
\vdots & \vdots & \vdots & \vdots & \ddots & 0 & 0 \\
0 & \cdots & \cdots & \cdots & 0 & -\widehat{y}_{1t} & \cdots & -\widehat{y}_{k1,t}
\end{bmatrix}, t = s+1, \cdots, n$$

(6-25)

接下来，与 β 的抽样类似，同样用 Durbin 和 Koopman（2002）的方法从时变参数 a 的联合后验概率密度分布中对其进行抽样。

第五，抽样 $\sum_a$，在第四步给定参数 a 后，本书可以得到 $\sum_a$ 的条件后验分布。由于已假定 $\sum_a$ 为对角矩阵，那么每一时期的参数 a 为不相关的。所以本书可以利用与第三步相同的方法对 $\sum_a$ 进行抽样。

第六，对于随机波动 h，其状态空间方程为非线性非高斯状态空间形式。由于 $\sum_h$ 和 $\sum_{h0}$ 均被假定为对角矩阵，所以本书可以在 $j = 1, \cdots, k$ 时分别对 $\{h_{jt}\}_{t=s+1}^{n}$ 进行独立推断。令 y_{it}^* 表示 $A_t\widehat{y}_t$ 的第 i 个元素，状态空间形式为：

$$y_{it}^* = exp(h_{it}/2)\varepsilon_t, \ t = s+1, \cdots, n \quad (6-26)$$

$$h_{i,t+1} = h_{it} + \eta_{it}, \ t = s, \cdots, n-1 \quad (6-27)$$

$$\begin{pmatrix} \varepsilon_{it} \\ \eta_{it} \end{pmatrix} \sim N\left(0, \begin{pmatrix} 1 & 0 \\ 0 & v_i^2 \end{pmatrix}\right) \quad (6-28)$$

其中，$\eta_{is} \sim N(0, v_{i0}^2)$，$v_i^2$ 和 v_{i0}^2 分别为 $\sum_h$ 和 $\sum_{h0}$ 的第 i 个对角元素，η_{it} 是 u_{ht} 的第 i 个元素。对非线性高斯状态空间模型采用 Shephard 和 Pitt（1997）以及 Watanabe 和 Omori（2004）的方法，从其条件后验密度中抽取（$h_{i,s+1}, \cdots, h_{in}$）。

第七，在给定参数 h 时，对其方差－协方差矩阵 $\sum_h$ 进行抽样，抽样方法同第三步和第五步相同。

第八，回到第二步进行重复抽样。

至此，本书介绍了 TVP－SV－VAR 模型的构建过程以及贝叶斯 MCMC 算法估计该模型的基本思想和步骤。

第四节 行业周期对服务业景气影响机制的实证分析

一 变量选取与数据处理

本章构建包括服务业景气指数、批发零售业景气指数、金融业景气指数、房地产业景气指数和交通运输业景气指数在内的五变量的 TVP－SV－VAR 模型来分析服务业内部重点行业对整体景气波动的结构性时变影响。数据来自第二章、第四章和第五章中利用混频动态因子模型构建的五组景气指数，为保证数据长度的一致性，各指标的样本区间均为 2002 年 1 月至 2018 年 9 月。所选指标具体情况见表 6－1：

表 6－1　　　　　　TVP－SV－VAR 模型指标选取说明

变量	符号	景气指数包含指标
服务业景气指数	SCI	服务业增加值实际同比增长率、消费者信心指数、社会消费品零售总额同比增长率、规模以上港口货物吞吐量同比增长率、非制造业 PMI、财新中国服务业 PMI

续表

变量	符号	景气指数包含指标
批发零售业景气指数	WRCI	批发零售业增加值实际同比增长率、社会消费品零售总额同比增长率、3000家零售企业零售指数、商品零售价格指数、企业商品交易价格指数
金融业景气指数	FCI	金融业增加值实际同比增长率、金融机构本外币各项存款同比增长率、银行间人民币市场成交金额同比增长率、股票日均成交金额同比增长率、股票市场境内筹资金额同比增长率、投资者信心指数：国内经济政策
房地产业景气指数	RECI	房地产业增加值实际同比增长率、企业家信心指数：房地产业、水泥产量同比增长率、房地产开发资金来源同比增长率、商品房销售额同比增长率、100大中城市：成交土地总价同比增长率
交通运输业景气指数	TCI	交通运输、仓储和邮政业增加值实际同比增长率、旅客周转量同比增长率、货物周转量同比增长率、企业家信心指数：交通运输、仓储和邮政业，全国主要港口货物吞吐量同比增长率，全国社会物流总额同比增长率

由于国内对服务业内部结构冲击效应的研究较少，为得到稳健可信的结果，参考多数人的做法，本书在TVP-SV-VAR模型中使用乔列斯基分解法来识别各行业波动对服务业景气的冲击，并进行稳健性检验，而非符号限制这种复杂的结构冲击识别方法。基准模型内生变量的顺序被设为：金融业景气指数、房地产业景气指数、交通运输业景气指数、批发零售业景气指数和服务业景气指数，这一顺序所对应的识别假设为：服务业景气指数冲击对其他四个行业景气指数不产生当期影响，而前四个变量对应的结构冲击则对服务业景气指数产生当期影响。该假设考虑的是变量间相互影响在时间上的先后顺序（Baker，2013），由于批发零售业、金融业、房地产业和交通运输业这四个行业均为服务业的子行业，其周期变动会先于并影响服务业景气指数的波动，因此本章假设这四个行业的景气指数会影响当期服务业景气指数。在稳健性分析中，本书也会考察变量顺序的调整对实证结果的影响。

在使用贝叶斯方法估计 VAR 模型时，内生变量是否平稳对参数估计结果和脉冲响应分析结果不会产生影响（Uhlig，1994，2005；田磊等，2016）。本书采用贝叶斯方法估计 TVP-SV-VAR 模型，在此省略平稳性检验结果。在模型滞后阶数选取时，本书根据 AIC 准则和 SC 准则的判别结果，将滞后阶数设定为 2 阶。MCMC 迭代次数设定为 10000，在进行 MCMC 运算时，由于初始的 1000 次迭代不稳定，基于稳健性的考虑，本书令迭代次数从 -2000 开始，并将前 2000 次迭代作为预烧（Burn-in）舍去，预模拟的结果由收敛诊断统计量（Convergence Diagnostics，CD）来决定。

二 基准模型估计结果与参数检验

在使用贝叶斯方法估计模型时，首先应当检验模拟抽样结果是否可靠，从而判断由此得到的模型估计结果是否有效。在不变参数 VAR 模型中，模型中参数是固定的，而在时变参数 VAR 模型中，参数估计值也是时变的，反映在图中是一条随时间变化的时间序列曲线，图 6-2 至图 6-4 给出了 TVP-SV-VAR 模型的参数估计结果。如图 6-2 所示，在去掉前 2000 次预烧期样本后，样本自相关系数呈现平稳下降的趋势。图 6-3 说明抽样数据也是平稳的。同时，图 6-4 反映了参数估计的抽样分布基本符合正态分布的特征要求。以上分析说明本章进行 MCMC 抽样获得的样本是不相关的有效样本，可以满足实证模型的需要。

表 6-2 依次报告了 MCMC10000 次抽样估计的参数后验均值、后验标准差、95% 的置信区间、Geweke 检验的 CD 统计量和非有效因子（Inefficiency Factors，IF）。

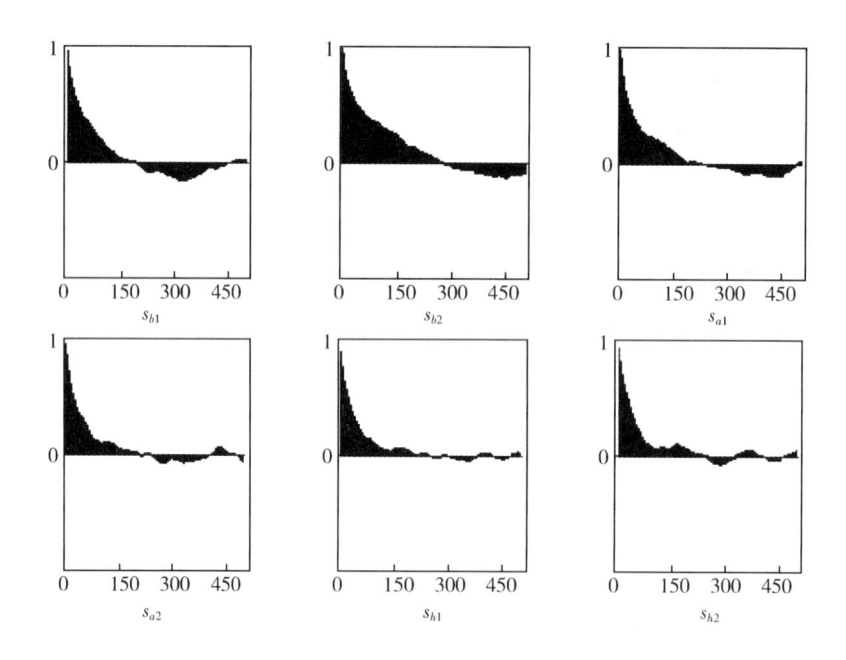

图 6-2 样本自相关系数

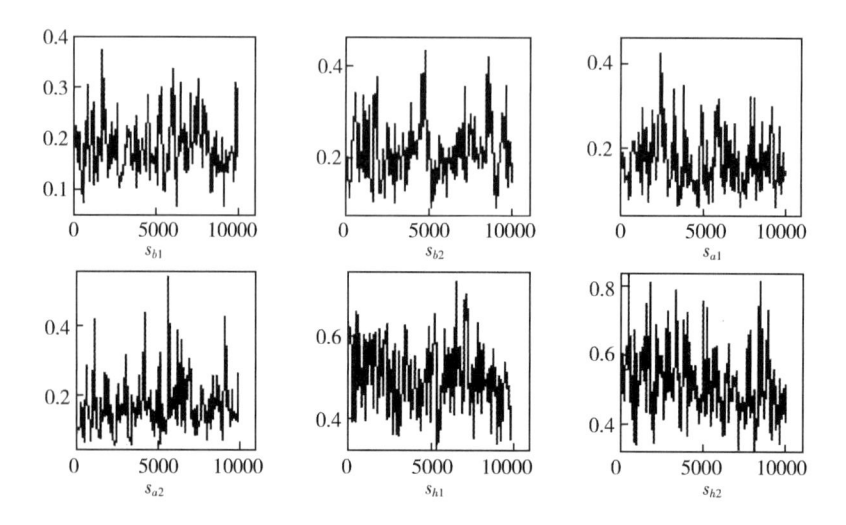

图 6-3 样本路径

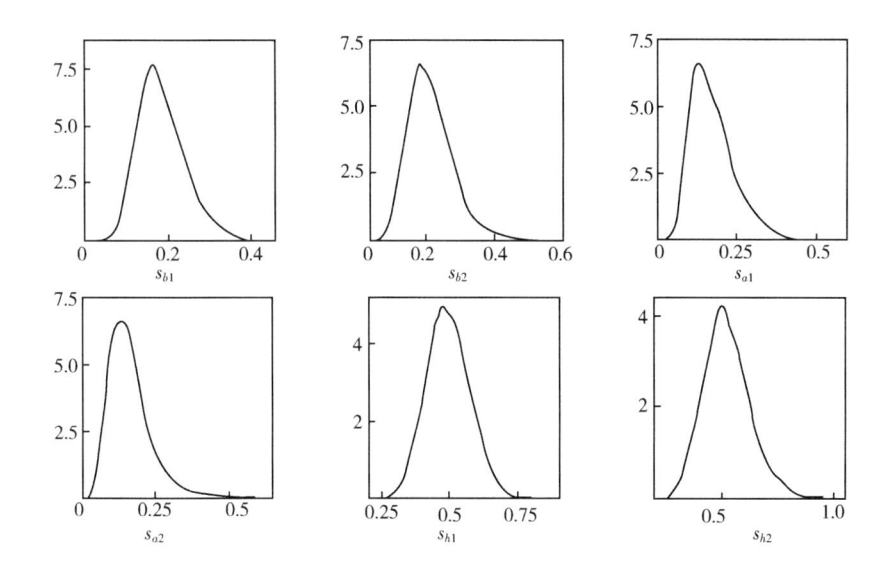

图 6-4 后验分布概率密度

表 6-2　　TVP-SV-VAR 模型参数估计结果及检验统计量

参数	后验均值	后验标准差	95%的置信区间	CD 统计量	非有效因子
s_{b1}	0.1854	0.0544	[0.0973, 0.3084]	0.114	62.07
s_{b2}	0.2157	0.0630	[0.1139, 0.3582]	0.470	71.52
s_{a1}	0.1723	0.0682	[0.0740, 0.3359]	0.813	64.40
s_{a2}	0.1601	0.0699	[0.0622, 0.3377]	0.001	49.15
s_{h1}	0.4941	0.0779	[0.3503, 0.6521]	0.513	43.72
s_{h2}	0.5205	0.1016	[0.3418, 0.7478]	0.172	60.61

注：s_{bi}、s_{aj}、s_{hk} 分别表示 $\sum_\beta$、$\sum_a$ 和 $\sum_h$ 的第 i、j、k 个对角元素，且 $\sum_\beta$ 和 $\sum_a$ 的估计值和标准差都乘以100。

表 6-2 中 CD 统计量计算公式为：

$$CD = (\bar{x}_0 - \bar{x}_1) / \sqrt{\hat{\sigma}_0^2/n_0 + \hat{\sigma}_1^2/n_1}, \quad \bar{x}_j = \frac{1}{n_j} \sum_{i=m_j}^{m_j+n_j-1} x^{(i)}$$

Geweke（1991）提出用前 n_0 个序列和后 n_1 个序列进行对照，并排除中间的序列来计算统计量，其中，$x^{(i)}$ 表示第 i 次抽取的样本；当

$j=0$，1 时，$\hat{\sigma}_j^2/n_j$ 表示 $\bar{x}_j$ 的标准差，$\bar{x}_j = (1/n)\sum_{i=m_j}^{m_j+n_j-1} x^{(i)}$。Geweke（1991）通过研究证明了当 MCMC 抽样产生了平稳序列时，其分布将收敛于标准正态分布。由此，可以使用标准正态分布下的临界值来判断本书抽样是否为平稳序列。本书依据 Primiceri（2005）和 Nakajima（2011a）等现有研究，设 CD 统计量中参数 m_0 为 1，设 n_0 为 1000，同时将 m_1 设为 5001，n_1 设为 5000，并利用带宽 B_m 为 500 的帕曾窗（Parzen Window）来计算 $\hat{\sigma}_j^2$。

非有效因子计算公式为：

$$IF = 1 + 2\sum_{s=1}^{B_m} \rho_s$$

其中，ρ_s 为第 s 期抽样后样本的自相关系数。非有效因子可以测度 MCMC 抽样的效果（Chib，2002），它代表后验样本均值的方差与不相关序列样本均值方差的比率，非有效因子的倒数被称为相对数值效率。非有效因子的值越小，模型的拟合程度越高。

如表 6-2 所示，参数后验均值都落在 95% 的置信区间内，Geweke（1991）的 CD 统计量均在临界值以内，本书不能拒绝估计参数收敛于后验分布的原假设，即本书选取的 2000 个样本的预烧期足以使 MCMC 样本收敛。同时，参数的非有效因子最大为 71.52，说明至少可以获得 10000/71.52 = 140 个有效样本，这在 10000 次 MCMC 抽样中是有效的，本书的 10000 次 MCMC 抽样得到的样本是收敛的，模型拟合程度较高。此外，结合表 6-2 与图 6-3 中六个参数的动态模拟路径不难发现，图 6-3 中参数路径呈现明显的波动聚类特征。在模拟期结束时，抽样数据收敛于表 6-2 中的样本收敛均值，从而证明了本书的估计结果是稳健的。

三 重点行业景气指数的随机波动特征分析

图 6-5 为模型估计的批发零售业景气指数（WRCI）、金融业景气指数（FCI）、交通运输业景气指数（TCI）和房地产业景气指数（RECI）在样本期的随机波动特征。总体来看，批发零售业、金融业和交通运输业的随机波动特征类似，但在波动持续期上仍有差别。而房地产业与服务业整体以及其他三个服务行业的随机波动幅度和形态特征均差异较大，造成这种现象的主要原因在于房地产业本身的特殊性。一方面，房地产作为第三产业的重点行业之一，周期波动情况受第二产业的建筑业影响很大，与建筑周期关系密切，所以与其他服务业行业的波动特征差异较大；另一方面，房地产业相较于其他服务行业，对宏观经济政策较为敏感，其行业涨跌与周期波动情况受国家调

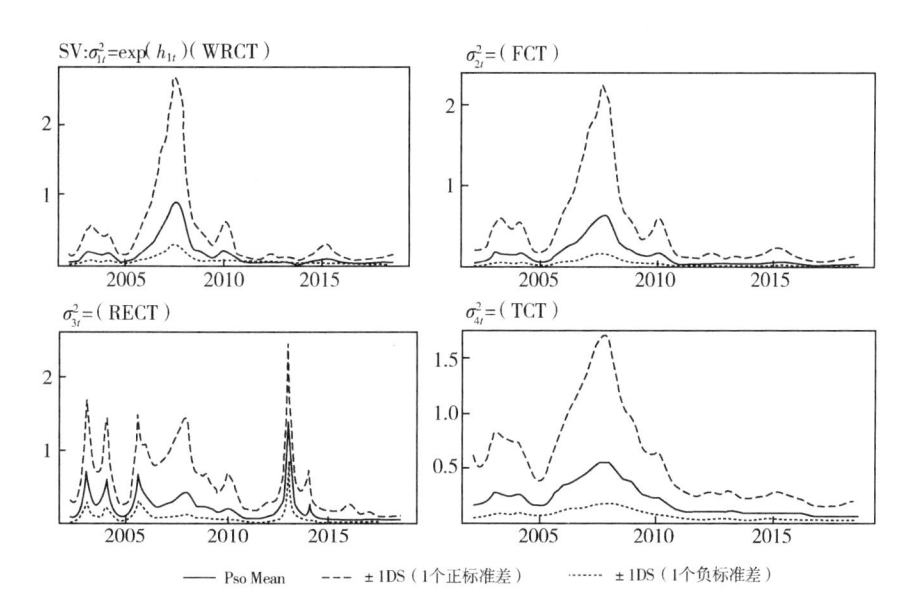

图 6-5 批发零售业、金融业、房地产业、交通运输业景气指数的随机波动特征

注：实线表示后验均值，长、短虚线分别表示正负一倍的标准差；横轴为年份。

控政策影响。因此，房地产业景气指数的随机波动与其他三个行业存在明显差异。

具体来看，批发零售业景气指数的随机波动在样本期有三个比较明显的波峰，分别在2003年年初、2007年年底和2010年年初。由于在第一个波峰出现之前，我国正式加入WTO，对批发零售服务市场的发展起到了明显的推动作用，但由于2003年我国经济出现过热现象，随着一系列从紧宏观调控措施的出台和SARS疫情暴发，批发零售业景气指数景气回落，批发零售业随机波动在2003年年初出现了一个峰点。批发零售业随机波动的第二个峰点主要源于2007年出现并于2008年蔓延的国际金融危机。批发零售业作为国内外生产贸易的重要组成部门，在国内外贸易加工生产订单和进出口贸易下降的巨大影响之下，其随机波动在2007年年底达到第二个峰点，且这一峰点在样本期内波幅最大、位势最高。2010年年初，随着刺激需求的一揽子经济计划引起的消费品价格上涨等负面效果出现，批发零售业随机波动达到第三个峰点。2012年后随着经济进入新常态，产业结构优化，批发零售业周期波动减缓，因此这一时期批发零售业随机波动幅度较小。

金融业随机波动的三个峰点与批发零售业类似，同样分别在2003年年初、2007年年底和2010年年初。2003年年初，股票市场低迷、企业融资困难，同时2003年的SARS疫情暴发也导致证券市场的行情回落，随机波动提高至当时的峰点。2007年年底的随机波动峰值一方面源于当时发生的美国次贷危机，另一方面，在2007年货币当局就已经实施了一系列从紧的货币政策，包括10次上调金融机构人民币存款准备金率和6次上调人民币存款准备金率，在双重下行压力下金融业随机波动出现了第二个峰点。2010年年初的第三个随机波动峰点同样源于当时的刺激经济计划以及随之而来的一系列负面影响，在经济进入新常态之后，金融业景气指数的随机波动也趋于平稳。

交通运输业随机波动在样本期内有两个明显波峰，分别在2003年年初和2007年年底。2003年SARS疫情暴发对我国旅客运输和货物运输都造成了强烈的冲击，2003年下半年交通运输业景气的剧烈波动令交通运输业景气指数一度跌至谷点，这是推动交通运输业随机波动达到第一个峰点的主要原因。交通运输业随机波动的第二个峰点也在2007年年底，且导致这一峰点形成的原因也与批发零售业相同。与批发零售业和金融业不同的是，交通运输业随机波动在样本期只有两个峰点，在到达第二个峰点后，交通运输业随机波动缓慢减小，在2010年年初时仍处在第二个随机波动峰点后的波动下降阶段。2010年后，交通运输业随机波动下降到较低的水平并保持在一个稳定的范围内。

房地产业与上述三个行业相比随机波动更加频繁，样本期内共出现了五个明显峰点，分别在2003年年初、2004年年初、2005年年中、2008年年初和2013年年初。2003年年初和2004年年初两个随机波动峰点主要受当时的住房扶持性政策、房地产市场需求扩张以及随后适度从紧的金融政策影响而形成。2005年年中，房地产投资过热，多项关于房地产业和信贷紧缩政策出台，第三个随机波动峰点随之出现。2008年年初的波动同样源于国际金融危机的爆发。2013年年初，随着银行房贷收紧、市场预期走低和供求关系的转变，房地产业随机波动出现了第五个峰点。

四 时点脉冲响应函数分析

（一）重点行业高波动时点脉冲响应分析

传统非时变参数向量自回归模型中的参数只有一个估计值，针对这类模型构建的脉冲响应函数也只有一组。而本书采用的TVP－SV－

VAR模型中的参数都是时变的,所以模型可以通过参数的时变结构刻画出服务业重点行业对整体冲击的动态变化。由于在每个时点上都可以获得一组结构冲击的脉冲响应函数,这使得本书分析结构冲击在不同时期的特征方面更加灵活和便利。通过上文的分析,本书选取2003年1月、2007年12月和2010年1月这三个多数行业景气指数随机波动的峰点为例,来分析在高波动时点上由批发零售业景气指数、金融业景气指数、房地产业景气指数和交通运输业景气指数对服务业景气指数的冲击形成的脉冲响应函数。

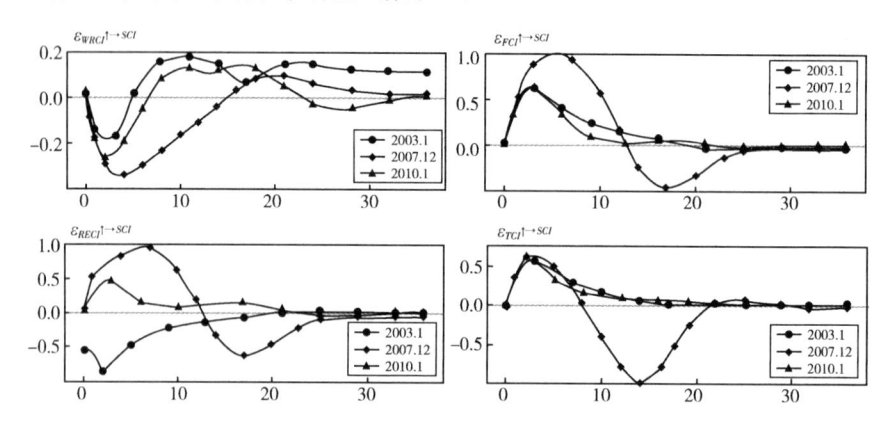

图6-6 三个高波动时点上服务业景气指数分别对来自批发零售业、金融业、房地产业和交通运输业景气指数冲击的时点脉冲响应函数

注:横坐标表示脉冲响应期数,单位为月,下同。

如图6-6所示,在不同时点分别对服务业施加来自四个重点行业1单位标准差的冲击,其脉冲响应函数形态存在差异,说明四个行业对服务业的作用效果存在时变特点。通过不同时点上服务业对来自批发零售业冲击的脉冲响应函数可以发现,在2003年1月批发零售业景气指数的冲击对服务业首先产生负向影响,并在该影响持续了4期之后转为正向,且随着时间推移影响逐渐减弱,前期短暂的负向影响主要源于批发零售业的景气变动滞后于服务业。在2007年12月国际金融危机时期，批发零售业对服务业冲击的影响在 15 个月之内均为负向，随后转为正向并逐渐趋于稳定。除时滞性以外，从批发零售业与服务业整体的景气指数走势可以发现在这一时点上批发零售业冲击产生负向影响的另一直接原因：2007 年年底至 2009 年年初，服务业景气指数一直处于下降期，而批发零售业在 2007 年年底至 2008 年年底却有一段明显的上升期，二者景气周期阶段的错配是导致这一负向影响的另一原因。2010 年 1 月批发零售业对服务业冲击的响应与 2003 年 1 月类似，在经历了 6 期负向影响后转为正向影响，而后影响逐渐减弱并穿越平衡增长路径最终回到稳态。总体上看，批发零售业作为服务业占比最大的行业，对服务业的冲击主要产生正向的影响，且持续期较长，在 2 年之后会趋于稳定。通过对比发现，在国际金融危机时期的时点，即批发零售业随机波动处于高位时的时点脉冲响应函数与另外两个时点脉冲响应函数相比，前期负向影响时间较长，但总体上未出现显著的结构性差异。

通过分析高波动时点上金融业景气指数对服务业景气指数冲击得到的脉冲响应函数可以发现，金融业对服务业的冲击影响主要为正向，且在 2003 年 1 月和 2010 年 1 月两时点上的冲击响应规律类似，均在第 3 个月时冲击的正向影响达到最大，之后逐渐减弱，18 个—20 个月后回到平衡增长路径，呈现出峰状特征。2007 年 12 月金融业对服务业的冲击在前 13 个月为正向并在第 5 个月时达到最大值，但在正向影响逐渐减弱后没有维持在稳态，而是穿过平衡增长路径出现了持续 11 个月的负向影响，即"超调"现象，最终在 24 个月后回到稳态。本书通过对比三个时点脉冲响应函数发现，在 2007 年 12 月，即国际金融危机发生的时间点前后，金融业对服务业冲击的影响最大，尽管冲击在正向影响后转为负向，但从每一期的影响强度和最大振幅看，在该时点上金融业对服务业冲击效果最强。综上，金融业对服务业的冲击的脉冲响应函数在2003年1月和2010年1月这两个时点呈现出相似的规律，并未发生显著的结构性改变，但在2007年12月金融业随机波动显著提高的时点，该行业对服务业的冲击响应路径发生了变化。

在三个高波动时点上交通运输业对服务业的冲击得到的脉冲响应函数与金融业具有相似的规律。其中，在2003年1月和2010年1月这两个时点上的脉冲响应函数较为接近，而2007年12月与上述两个时点的脉冲响应函数存在差异。从2003年1月和2010年1月这两个时点的脉冲响应函数来看，交通运输业对服务业的冲击影响是正向的，并在第3个月时达到最大值，在持续了17个—20个月后回到稳态，呈现峰状特征。而在2007年12月，交通运输业对服务业的冲击产生了8个月的正向影响并随后发生了"超调"现象，转为负向影响并持续了13个月。综上，交通运输业对服务业的冲击影响主要为正向，但在2007年12月出现了"超调"现象，且负向影响的效果较强、时间较长，另外两个时点的冲击响应路径基本一致。

房地产业对服务业冲击得到的时点脉冲响应函数与其他三个行业具有明显的差异。其他三个行业对服务业的冲击仅仅在国际金融危机期间由于随机波动显著提高而导致影响的持续期和幅度上有一定差异，而房地产业对服务业的冲击在2003年1月却产生持续的负向影响。与其他时点相比，房地产业景气指数对服务业景气指数的脉冲响应路径发生了结构性改变。具体来看，2003年1月房地产业景气指数对服务业景气指数冲击的负向影响在第2个月时达到最大，随后呈现出"倒尖峰"式恢复过程，约在第18个月时回到平衡路径。2007年12月房地产业对服务业的冲击在初始时产生了13个月的正向影响，随后经历了约13个月的负向影响后趋于稳定。2010年1月房地产业对服务业的冲击影响为正并在第3个月时达到最大，随后逐渐减弱并在20个月左右时回到稳态。通过对比发现，房地产业景气指数对服务业景气指数的冲击除了 2003 年 1 月这个时点之外，主要体现为正向的影响，在 2007 年 12 月和 2010 年 1 月两个时点上脉冲响应函数的形态与金融业对服务业冲击的结果类似。2007 年 12 月这个时点上房地产业对服务业的正向影响也出现了"超调"现象，产生了约 13 个月的负向影响。由于 2003 年 1 月与其他两个时点上房地产业对服务业景气指数冲击响应路径的差异，本书认为房地产业对服务业冲击的脉冲响应函数在不同时点上出现了结构性改变。前文提到，房地产业的景气周期与建筑周期和宏观调控政策密切相关，对上述二者变化的反应较为敏感。另外，房地产业作为关系国计民生的重要行业，更是政策调控的主要对象，在 2003 年 1 月房地产业受当时的经济形势与宏观调控政策影响，2003—2004 年适度从紧的信贷政策使房地产业景气下行时正是服务业周期的一个波峰，信贷收紧可以最直接地对房地产业产生抑制作用，而对服务业整体作用并不显著，这是本书认为在该时点，房地产业对服务业的冲击产生负向影响的直接原因。

(二) 新常态时期服务业平稳波动时点的脉冲响应分析

由第二章服务业景气指数结果可知，在 2012 年后的新常态时期，服务业呈现小幅波动的平稳特征。图 6-7 选取 2012 年 4 月、2015 年 6 月和 2016 年 4 月①这三个服务业景气指数转折点来分析服务业在平稳波动时期各重点行业对服务业景气指数的时点脉冲响应函数结果，其中 2012 年 4 月和 2016 年 4 月为服务业景气指数的波谷，2015 年 6 月为服务业景气指数的波峰。

与图 6-6 中高波动时点脉冲响应结果相比，在平稳波动时点上服

---

① 在新常态平稳波动时期，各行业的随机波动最低点无法统一，所以在时点选择上选择了服务业总体的周期转折点。一方面，在 2012 年后，各行业的随机波动均处于低点，选择哪个时点对结论影响不大；另一方面，选择服务业的转折点可以进一步分析重点行业对服务业总体的冲击响应是否存在峰谷点的非对称性。

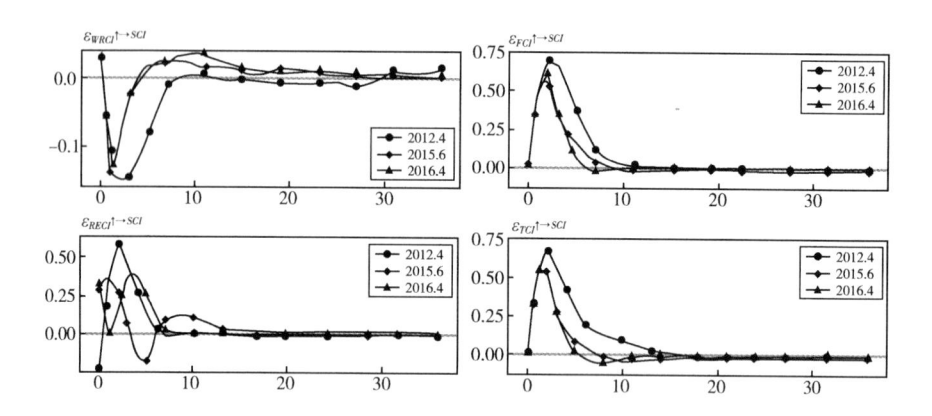

图6-7 三个平稳波动时点上服务业景气指数分别对来自批发零售业、金融业、房地产业和交通运输业景气指数冲击的时点脉冲响应函数

务业对来自金融业和交通运输业这两个生产性服务行业冲击的脉冲响应的路径没有明显改变,但冲击持续期显著缩短。高波动时点服务业受到来自金融业的冲击后需要18个—20个月回到稳态,在国际金融危机时期则需要约26个月才能回到稳态。但在平稳波动时点上,服务业受到来自金融业的冲击后仅需要10个—12个月即可回到稳定状态。同样的,在高波动时点上服务业受到来自交通运输业的冲击后需要17个—20个月才能回到平衡增长路径,而在平稳波动时点上经过10个—16个月就能回到稳态。这说明随着随机波动的提高,服务业对来自金融业和交通运输业这类生产性服务业的冲击的脉冲响应函数形态不发生明显改变,但会使冲击影响的持续期扩大。在本书考察的三个平稳波动时点上,金融业和交通运输业对服务业会产生稳定的正向影响,且服务业景气指数处于周期的波峰和波谷对时点脉冲响应的结果没有影响。

在2012年4月,批发零售业对服务业主要产生负向作用,在第8个月后影响消退。回顾二者的景气指数走势,服务业景气指数在2012

年 4 月到达谷点后开始上升,而同一时点下的批发零售业景气指数处在持续下降阶段,在这一时点批发零售业对服务业的作用主要体现为负向。在 2015 年 6 月和 2016 年 4 月两个时点上批发零售业对服务业的正向促进作用也并不显著,在前 4 个月产生负向作用,第 5 个月后转为正向并持续至第 28 个—30 个月回到平衡路径。和高波动时点相似,批发零售业对服务业的冲击在低波动时点的前期都是先产生负向影响,再逐渐恢复到正向或稳态。服务业处在波峰点还是波谷点对其脉冲响应形态没有明显的影响,说明批发零售业对服务的冲击效果在周期阶段上的不存在明显非对称性。

服务业对来自房地产业冲击的脉冲响应函数在 2012 年 4 月和 2016 年 4 月这两个时点与高波动时期 2010 年 1 月的脉冲响应路径相似,主要产生正向的促进作用,但持续期长度要短于高波动时点。而在 2015 年 6 月,房地产业对服务业的 1 单位冲击首先体现为正向影响并逐渐减弱,在第 3 个月时影响穿过零值点转为负向,负向影响持续约 3 个月,之后再次穿过零值点变为正向影响并在第 16 个月左右回到最终稳态。由于在 2015 年 6 月和 2016 年 4 月这两个时点上,服务业景气指数和房地产业景气指数所处周期阶段不一致,因此服务业对来自房地产业冲击的脉冲响应函数形态波动明显,出现了一定程度的负向作用,但整体仍体现为正向的促进作用。

(三) 高波动时点与低波动时点脉冲响应结果对比

对比高波动时点和低波动时点上服务业分别对来自四个行业冲击的脉冲响应函数可以发现,作为生产性服务业,金融业和交通运输业对服务业的冲击作用比较稳定,主要体现为正向,且不存在结构性改变。高波动时点中,在 2003 年 1 月和 2010 年 1 月两个时点上服务业景气指数对来自金融业和交通运输业景气指数冲击的影响和恢复过程比较一致,均呈现"尖峰"式恢复过程,并在 20 个月左右回到稳态。

受美国次贷危机的影响，2007年12月服务业景气指数对来自金融业和交通运输业景气指数冲击的脉冲响应均发生了"超调"现象。在这一时点上，金融业对服务业冲击的影响效果显著增强，而来自交通运输业冲击的负向影响持续期要长于来自金融业冲击的负向影响持续期。在三个低波动时点上，服务业对来自金融业和交通运输业冲击的脉冲响应函数形态和走势与高波动时点类似，但持续期明显缩短。总体上，服务业景气指数对来自金融业和交通运输业冲击的响应路径基本一致，但在国际金融危机时期，这两个行业对服务业整体的冲击响应路径和持续期都发生了改变。此外，在低波动时点上的脉冲响应不存在周期阶段的非对称性。

同样作为生活性服务业成员的房地产业和批发零售业对服务业景气指数冲击影响的形态和恢复过程则没有明显的一致性。在三个高波动时点上，2003年1月由于房地产业受当时宏观调控的影响而对服务业冲击效果发生了结构性改变，对服务业冲击的影响为负；在2007年12月受美国次贷危机影响，房地产业景气指数对服务业景气指数的脉冲响应出现"超调"现象，且脉冲响应冲击的正向影响效果也明显增强；2010年1月房地产业景气指数对服务业景气指数的冲击为正向，且呈现"峰状"恢复过程。在三个低波动时点上，服务业对来自房地产行业冲击的脉冲响应没有出现特别明显的结构性改变，整体走势与2010年1月的脉冲响应类似，但由于2015年6月和2016年4月房地产业和服务业所处周期阶段不同，脉冲响应曾出现短暂的负向作用。在持续期长度上，低波动时点的脉冲响应也要明显短于高波动时点。

服务业景气指数对来自批发零售业景气指数的冲击在三个高波动时点的脉冲响应形态均呈现由负向到正向的变化过程，国际金融危机的爆发引起批发零售业对服务业景气指数冲击的负向影响扩大，同时持续期延长。比起服务业对来自房地产业冲击的脉冲响应在26个月左右回到稳态，对服务业施加 1 单位来自批发零售业的冲击则需要 32 个月以上才能恢复到稳态。在高波动时点上，不考虑外部经济环境影响，仅对比服务业景气指数对分别来自房地产业和批发零售业景气指数的冲击在 2010 年 1 月的脉冲响应函数，服务业景气指数对来自批发零售业冲击的脉冲响应在 6 个月之后与房地产业冲击的脉冲响应形态基本一致；国际金融危机的爆发使服务业景气指数对来自两个生活性服务业冲击的脉冲响应冲击效果和持续期也发生了相应的改变。在低波动时点下，服务业对来自批发零售业冲击的脉冲响应在 2012 年以后的平稳时点和高波动时点路径也类似，各阶段的持续期没有明显的变化，但冲击的幅度有所减小。

五 等间隔脉冲响应时变特征分析

上一部分从时点角度分析了四个行业对服务业冲击的时变脉冲响应函数，在这一部分本书将使用等间隔脉冲响应函数从时间角度对服务业进行脉冲响应分析。等间隔脉冲响应函数是指在给定的时间间隔条件下，每一期自变量的单位冲击对固定时间间隔后因变量所产生的影响而形成的冲击响应函数。这里本书选取的三个提前期分别为 6 期（月）、12 期（月）和 24 期（月），分别代表短期、中期和长期，图 6-8 中四个图形依次表示批发零售业、金融业、房地产业和交通运输业对服务业施加 1 单位正向冲击的脉冲响应函数时变演化路径。

从图 6-8 中可以看出，批发零售业对服务业整体的短期（6 期）冲击主要产生负向影响，这与上文的时点脉冲响应结果一致，短期的负向影响主要源于行业变动对整体景气影响调整的时滞性。批发零售业对服务业的冲击在中期（12 期）和长期（24 期）的正向影响明显，但在 2015 年后的中期和长期影响程度都有所减弱。回顾批发零售业发

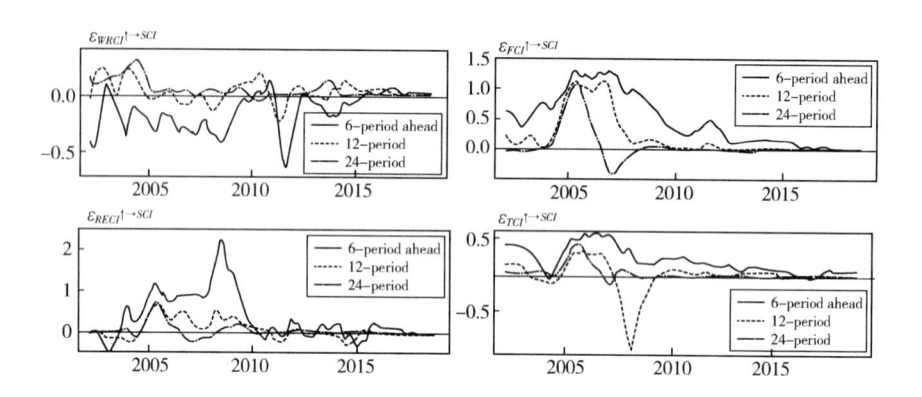

图 6-8 不同提前期服务业景气指数分别对来自批发零售业、交通运输业、房地产业和金融业景气指数冲击的等间隔脉冲响应函数

展进程不难发现，2004 年以来，随着我国扩大内需、转变经济发展方式等政策的实施，批发零售业取得稳定发展，在引导生产、促进消费和扩大就业方面作用突出，在这段时期内，批发零售业对服务业的正向作用比较明显。近几年来，尤其是 2016 年至今，批发零售业生产放缓、投资下降、销售额增速降低、融资困难等一系列问题导致批发零售业景气指数对服务业景气指数的正向影响显著降低，在等间隔脉冲响应函数中体现出批发零售业对服务业整体的作用保持在相对低位水平。

金融业景气指数对服务业景气指数冲击的等间隔脉冲响应函数主要为正向，并且短期影响要大于中期和长期影响。其中，金融业对服务业冲击的长期效果在 2007—2008 年出现了"超调"现象，与前文的时点脉冲响应结果一致。2010 年后，金融业对服务业中期和长期冲击的影响逐渐减弱，而短期冲击效果较为持续。与其他三个行业相比，金融业对服务业的短期冲击效果最强。金融业作为服务业占比第二的行业，在服务业和国民经济的发展中扮演重要角色，行业景气涉及金融机构存款、银行间人民币市场、股票市场和投资者信心等许多方面，金融市场的景气变动对整体产业的影响在短期要比其他实体行业更加明显。

房地产业景气指数对服务业景气指数的等间隔脉冲击在短期、中期和长期主要产生正向影响。具体来说，在2010年以前，房地产业对服务业的冲击在多数时间体现为正向影响，且短期冲击的影响效果要比中期和长期更明显；2010年之后，房地产业对服务业的中期和长期冲击效应减弱，而短期影响表现出正负交替的波动。我国房地产业发展存在起步晚、时间短、炒房现象严重、房价虚高等问题，并且由于我国特殊国情，房地产行业在相当长一段时期内都无法充分发挥市场调节作用，更多需要靠政策调节，这也使得我国房地产市场泡沫化程度较高，波动较剧烈。因此，房地产业对服务业的冲击没有像其他行业一样保持在正向影响之上，而是呈现出频繁波动的正负交替效应。

交通运输业景气指数对服务业冲击景气指数的等间隔脉冲响应与金融业景气指数相似，在短期、中期和长期主要产生正向影响，并且短期冲击的影响要大于中期和长期。但是，中期冲击效果在2007—2009年出现了很大的负向影响，即"超调"现象，并呈现"倒尖峰"式恢复过程，于2009年穿越平衡增长路径回到正向，在近几年来保持着较弱的正向影响，这一现象同样源于当时发生的国际金融危机。另外，交通运输业从运输对象角度主要分为货物运输和旅客运输两个部分，旅客运输的景气变动主要体现为短期冲击，相比货物运输更少受到国际金融危机的影响，因此交通运输业对服务业的短期正向影响较持续，在国际金融危机时期也比较稳定。货物运输更多是通过存货周期与工业产品生产和销售之间产生联系，所以货物运输对服务业的冲击更多体现为中长期，且容易受经济环境的影响，因此中期冲击在2007—2009年出现了负向影响。

六 稳健性检验

在基准模型中,参考 Baker(2013)的思想,考虑到内生变量间相互影响在时间上的先后顺序,本书设定的 TVP – SV – VAR 模型内生变量顺序为:金融业景气指数、房地产业景气指数、交通运输业景气指数、批发零售业景气指数、服务业景气指数。在稳健性分析中,我们将考察变量顺序的调整对实证结果的影响。图 6 – 9 和图 6 – 10 分别给出了"服务业景气指数、批发零售业景气指数、金融业景气指数、房地产业景气指数、交通运输业景气指数"和"批发零售业景气指数、金融业景气指数、服务业景气指数、房地产业景气指数、交通运输业景气指数"这两组变量顺序下的时点脉冲响应函数的稳健性结果,分别记为"内生变量顺序1"和"内生变量顺序2",其他结果备索。结果显示,脉冲响应结果对不同的内生变量排序保持稳健,说明改变内生变量的排列顺序可以得到稳健结果,上文通过基准模型结果得到的结论是可靠的。

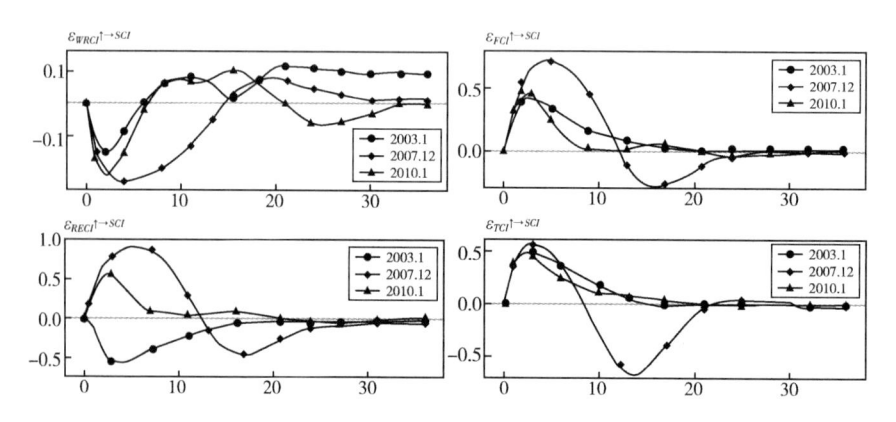

图 6 – 9 基准模型的稳健性检验结果:时点脉冲响应函数(内生变量顺序1)

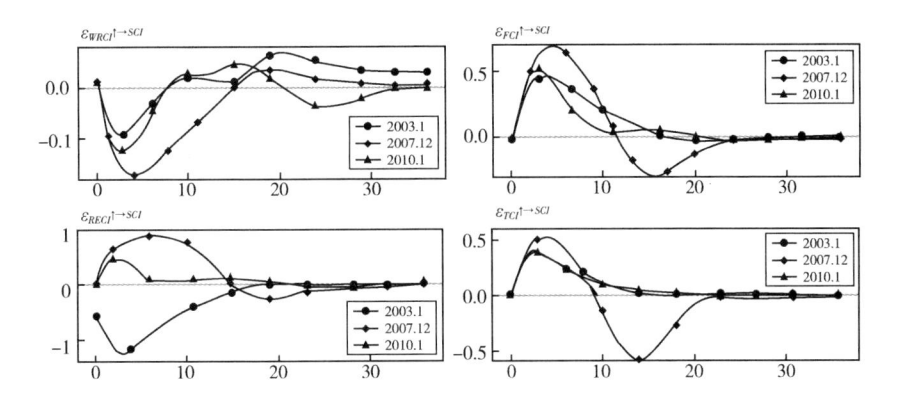

图 6-10　基准模型的稳健性检验结果：时点脉冲响应函数（内生变量顺序 2）

第五节　本章小结

本章根据前文构建的服务业整体以及服务业内部四个重点行业的景气指数构建 TVP - SV - VAR 模型，从行业景气的角度分别就金融业、交通运输业、批发零售业和房地产业对服务业景气指数的时变影响进行分析，从生产性服务业和生活性服务业两个层面刻画出传统非时变 VAR 模型难以捕捉到的动态变化特征，主要结论如下：

第一，批发零售业景气指数和金融业景气指数的随机波动在样本期有三个比较明显的波峰，分别在 2003 年年初、2007 年年底和 2010 年年初。其中，2007 年年底这一峰点是批发零售业和金融业景气指数的随机波动在样本期内波幅最大、位势最高的时点。与批发零售业和金融业不同的是，交通运输业的随机波动在样本期只有两个峰点，分别在 2003 年年初和 2007 年年底。在到达第二个峰点后，交通运输业随机波动缓慢减小，尽管在 2010 年年初有小幅上涨，但因幅度较小，不能构成一个峰点。房地产业的随机波动在样本期内共出现了五个明显峰点，分别在2003年年初、2004年年初、2005年年中、2008年年初和2013年年初，由于房地产市场受建筑周期影响且对宏观经济政策变动敏感，使得房地产业的随机波动呈现与其他三个服务行业不同的走势。

第二，从时点脉冲响应函数分析来看，在高波动时点上，除了房地产业之外，其他三个行业在不同时点上对服务业的冲击主要产生正向影响，且在不同时点上没有发生明显的结构性改变。房地产业对服务业的冲击也主要产生正向影响，但在2003年1月这个时点上，房地产业对服务业的时点脉冲响应则发生了结构性改变。在平稳波动时点上，四个行业对服务业的时点脉冲响应路径与在高波动时点上基本一致，但影响的持续期均有缩短，且脉冲响应在峰谷转折点上不存在非对称性。另外，批发零售业在平稳波动时点对服务业的冲击效果要弱于高波动时点；房地产业在平稳波动时点由于与服务业所处周期阶段不同，对服务业出现过短暂的负向作用。

第三，服务业对来自金融业和交通运输业这两个生产性服务业冲击的时点脉冲响应路径基本一致，但2007年12月，金融业和交通运输业景气指数的随机波动均处在峰点，服务业对来自这两个行业冲击的时点脉冲响应路径在波动幅度和持续期上都发生了改变并出现了"超调"现象，说明随机波动提高会影响时点脉冲响应路径。另外，在排除外部经济环境影响下，服务业景气指数对来自房地产业和批发零售业两个生活性服务业冲击的时点脉冲响应路径比较一致，但批发零售业对服务业冲击的影响存在6期左右的滞后效应。国际金融危机使服务业总体对来自这两个生活性服务业冲击的时点脉冲响应路径发生了改变，包括扩大了批发零售业冲击产生的负向影响并延长了持续期，以及增强了房地产业对服务业冲击产生的正向影响但同时发生了"超调"现象。

第四，从等间隔脉冲响应结果可知，除批发零售业外，其他三个行业对服务业的冲击在短期、中期和长期均主要产生正向影响，批发零售业因行业对服务业作用调整存在时滞性而在短期体现为负向影响，这与批发零售业景气指数滞后于服务业景气指数变动有关。四个行业对服务业短期冲击的持续期和幅度均高于中期和长期，且金融业对服务业的短期冲击效果最大，持续性最强。其中，房地产业对服务业的冲击影响在2010年后更多地表现出正负交替的波动，体现出近年来房地产业周期波动对服务业整体产生频繁的短期冲击效应。在2007—2009年，金融业和房地产业对服务业的冲击在长期，交通运输业对服务业的冲击在中期各自出现了"超调"现象，并呈现"倒尖峰"式恢复过程，说明国际金融危机分别改变了金融业和房地产业对服务业的长期影响以及交通运输业对金融业的中期影响。

第七章 结论与政策建议

第一节 结论

本书在当前服务业已成为推动经济增长主动力的现实背景下,结合我国实际国情,借鉴国内外经验及研究成果对我国服务业进行多维景气监测与周期波动研究,本书完成的主要工作有:第一,构建我国服务业景气指数并对服务业进行周期特征分析和历史波动考察;第二,基于我国服务业在新常态时期表现出的周期波动新特征分析服务业增速与波动的转换特征与非对称性;第三,除服务业景气指数外,本书从生产性服务业和生活性服务业中选取了金融业、交通运输业、批发零售业和房地产业四个重点服务行业分别构建景气指数,对服务业整体与分行业同时进行监测;第四,基于本书已构建的服务业整体景气指数和四个重点服务行业的景气指数来研究服务业内部各行业周期对服务业整体景气的动态影响机制。本书得到的主要研究结论概括如下:

第一,服务业在国际金融危机后对经济的拉动和稳定作用凸显。从总体上看,21世纪服务业景气周期的平均长度为51个月,呈现以上升期为主导的"缓增速降"型非对称周期特征。以国际金融危机为界,从持续期来看,危机之后的两轮服务业周期较前一轮周期相比持续期明显缩短;从波动特征来看,危机之后的两轮服务业短周期的平均振幅、波动率和平均位势等波动特征明显低于危机前的服务业周期，尤其是经济新常态时期的服务业景气进一步呈现出平稳小幅波动的新特征。此外，在危机之后，服务业景气指数相比宏观经济景气指数更加平稳，这一方面源于服务业生产与消费的同时性，另一方面则取决于市场对服务业产品的需求和服务业就业波动均较小。在经济新常态时期，特别是2015年以来服务业保持着自身的稳定性和对宏观经济的拉动作用。目前我国经济正处在转型升级换挡时期，在迈向高质量发展的过渡期内，鉴于服务业高于GDP的增速及其逐渐提高的增加值占比和就业人数占比，其对经济的拉动和稳定作用会随之增强。

第二，服务业当前处在以低增长—低波动为主要特征的周期阶段，且大概率会保持在这一状态。中国服务业的自我调节和稳定机制相对较强，服务业景气指数由高波动转向低波动的过程中伴随着服务业增速的平稳化过程。此外，我国服务业景气波动多数时间处在以低增长—低波动为主的稳健时期，服务业的增长和波动区制之间存在着一致性，高增长更容易伴随着高波动，低增长也更容易伴随着低波动。我国服务业波动会以当前低增长—低波动状态作"L"形运行特征的底部平稳运行，有可能会出现高增长—低波动与低增长—低波动两种区制状态交替的"W"形波动态势，短期内不太可能出现向高增长—高波动状态转移的明显反弹态势。

第三，四个重点行业中，金融业和房地产业与服务业总体的周期形态一致，且都与服务业总体存在短期先行关系。总体上，四个服务业重点行业在周期波动特征上存在以下几个方面的特点：

其一，持续期方面，房地产业、服务业和批发零售业的持续期依次递增，金融业、交通运输业与服务业持续期相等。批发零售业在样本期内周期持续期最长，经历周期数量最少，而房地产业周期数量最多且持续期最短。

其二，波动率方面，交通运输业、批发零售业、服务业、金融业和房地产业的波动率依次递增，国际金融危机后，交通运输业、房地产业的波动幅度减弱趋势更加明显，批发零售业在危机后处在持续收缩阶段，在2014年后逐渐由下降转为平稳波动，而金融业因受到2015年股市震荡的影响在2014年年底至2016年年中又出现了一次大幅波动，扰乱了新常态下行业应有的平稳态势，但总体上服务业并未受金融业剧烈波动的影响。

其三，周期形态方面，批发零售业与交通运输业整体呈现以收缩期为主导的"急增缓降"型非对称周期特征。金融业和房地产业与服务业整体一致，呈现以扩张期为主的"缓增速降"型非对称周期特征，说明服务业在各周期阶段的持续期和增速上的非对称周期特征主要由金融业和房地产业共同作用所致。另外，金融业景气指数和房地产业景气指数均与服务业景气指数存在短期先行关系，说明这两个行业对服务业总体存在指示和拉动作用；交通运输业景气指数与服务业景气指数的同期相关关系较高；批发零售业滞后于服务业变动，作为服务业增加值占比最高的行业，批发零售业对服务业的拉动作用较弱。

第四，生产性服务业对服务业总体的作用效果比较明显，传导渠道相对通畅。在高波动时点上，服务业景气指数对来自金融业和交通运输业这两个生产性服务业的时点脉冲响应路径基本一致，但在随机波动过高的时点上，服务业对来自这两个行业冲击的时点脉冲响应的波动幅度和持续期都发生了改变并出现了"超调"现象。在平稳波动时点上，生产性服务业对服务业总体的时点脉冲响应路径与在高波动时点上基本一致，但影响的持续期均有缩短，且时点脉冲响应在峰谷转折点上不存在非对称性。总体上，生产性服务业对服务业总体的作用机制更加稳定，在大多数时间均能保持稳定的正向影响，且不存在结构性改变。

金融业对服务业的冲击在短期、中期和长期主要产生正向影响，中期冲击和长期冲击在2010年后的作用强度逐渐减弱，更多体现为短期影响。与其他三个行业相比，金融业对服务业的短期冲击效果最大，持续性最强。交通运输业对服务业的冲击在短期、中期和长期主要产生正向影响，并且短期冲击的影响要大于中期和长期。受国际金融危机影响，金融业和交通运输业在2007—2009年对服务业的冲击分别在长期和中期各自出现了"超调"现象，并呈现"倒尖峰"式恢复过程。

第五，生活性服务业异质性较强导致其对服务业总体的作用效果不存在明显一致性。生活性服务业中，作为服务业占比最大的行业，批发零售业对服务业的作用效果要弱于其他行业，且对服务业的影响存在6个月左右的滞后效应，主要原因在于批发零售业的上下游带动作用较弱，不像金融业和房地产业的发展会带动相关行业从而对服务业产生叠加的影响。国际金融危机带来的随机波动提高会扩大生活性服务业对服务业总体冲击的影响程度和持续时间，但不改变脉冲响应路径的总体形态。由于生活性服务业异质性较强，对服务业的作用机制不存在明显的一致性，对服务业整体的拉动作用和稳定性都弱于生产性服务业。

批发零售业对服务业的冲击在中期和长期的正向影响明显，但在2015年后的中期和长期的影响强度都有所减弱；在短期，批发零售业对服务业的冲击主要产生负向影响。房地产业景气指数对服务业景气指数冲击的等间隔脉冲响应在2010年以前的多数时间为正向，且短期冲击的影响效果要比中期和长期更明显；2010年之后，房地产对服务业的中期和长期作用逐渐减弱，短期影响表现出正负交替的波动。

第二节 促进服务行业持续稳定发展的对策建议

《中华人民共和国国民经济和社会发展第十二个五年规划纲要》指出，要优化服务业发展环境，推动生产性服务业向专业化和价值链高端延伸、生活性服务业向精细和高品质转变。服务业是供给体系的重要组成部分，发展服务业有利于提高供给体系的质量并促进供给结构的优化调整。可见服务业的发展对产业结构升级和供给侧结构性改革，都具有明显的助推作用。同时，服务业的持续发展对宏观经济波动的稳定也具有重要意义。我国服务业在总量、产业结构以及产业协同方面正逐渐趋于优化合理，内部分工不断深化，但与发达国家相比仍存在一些差距和问题，有较大提升空间。在我国走向服务型经济的趋势下，对服务业的行业管理和政策制定也提出了挑战。因此，本书结合服务业的周期性特征和产业内在特点，针对生产性服务业和生活性服务业两大范畴，提出促进服务业优质高效发展对策建议。

一 生产性服务业

生产性服务业在我国发展壮大，在经济总量和就业上都占据服务业相当大的份额，以金融业和交通运输业为代表的生产性服务业对整体服务业发展发挥着稳定积极的作用。但与发达国家相比，我国生产性服务业的技术含量和劳动生产率以及专业性都有待提高：金融市场需继续规范完善，股市的大幅震荡影响金融业周期稳定运行；交通运输业近年来在服务业增加值中所占份额逐年减少，其规模和技术含量还无法满足当前国民经济的发展和人民生活水平提高的要求。要提高生产性服务业对总体贡献的效率，更好地发挥对经济的拉动和平稳作用，本书提出如下几点建议：

第一，总体上，应完善对生产性服务业的政策和资金支持。政府对于生产性服务业的各个细分行业，尤其是科技含量较高的现代服务行业应分别出台相关支持性政策，打破行业垄断和地方保护等隐性限制；扩大对生产性服务业的财政资金投入，通过经费补助和贷款优惠等方式支持重点行业的发展，同时引导民间资本流入高技术含量的生产性服务部门，为生产性服务业向中高端发展创造良好的基础设施环境与发展条件。

第二，金融业在生产性服务业增加值中占据较大份额，近年来发展迅速，但其市场运行仍需进一步规范和完善。金融周期因素，特别是漫长的去杠杆化过程，会对经济复苏产生一定的抑制作用（伊楠等，2016）。因此，在稳定金融周期的同时应注意发挥金融业对服务业的正向促进作用，当局在制定财政政策和货币政策时应充分考虑金融因素的周期性影响，同时考虑金融体系和实体经济的稳定。这并不表示需要去人为干预金融因素的周期性，而是要降低金融周期对总体的负面作用，充分发挥金融周期对服务业和经济增长的积极作用，使金融服务于实体经济。具体体现在，金融繁荣阶段，实施逆周期的金融审慎监管，协调推进稳杠杆、防风险目标，防止低效率企业杠杆率的过度升高；金融收缩阶段，针对不同企业采取不同的措施，对高效率企业可允许适当加杠杆，而对低效率企业应严格去杠杆。

第三，交通运输业作为国民经济的基础产业，与宏观经济周期波动关系密切。但是，本书发现，交通运输业近年来在服务业增加值中所占份额逐年减少，其规模和技术含量都有待提高。交通运输基础设施建设是行业发展的基础，要建立并完善我国综合交通运输网络，强化枢纽衔接和集疏运配套，促进运输一体化，政府应积极引导社会资金，拓宽融资渠道，对交通运输基础设施建设给予资金支持。另外，对运输企业进行深入改革，建立现代运输企业制度，以适应社会化大生产和市场经济发展的需要。鼓励交通运输业技术和组织管理创新，建立健全有效的技术创新激励机制，为交通运输业技术创新创造积极有利的宏观政策环境。结合当前现代化的信息技术和管理技术，充分利用"大数据"发展的优势，改进交通运输组织运行方式，提高交通运输业全要素生产率，进而提高交通运输业内部效率。

二 生活性服务业

由于我国生活性服务业覆盖范围广，异质性强于生产性服务业，所以对服务业整体的作用机制不存在明显的一致性，对服务业整体的拉动作用和稳定性都弱于生产性服务业。传统生活性服务业虽然普遍具有市场准入标准较低、技术壁垒不高、对资本需求的约束较小等特点，却与人民生活密切相关。因此，提高我国生活性服务业的服务品质、疏通生活性服务业对服务业整体的传导路径至关重要。

第一，针对部分生活性服务业对整体服务业正向影响不稳、传导机制不畅的问题，应支持并促进国内生活性服务业的市场化改革，使市场在资源配置中发挥决定性作用。放宽文化服务、健康服务和养老服务等行业的垄断和市场准入限制，鼓励社会资本的加入，维护公平竞争的市场秩序，增加生活性服务行业的市场活力。同时，完善生活性服务业的行业规范和监管体系，促进企业的规范化经营，创造良好的市场环境。

第二，对于批发零售业对服务业的短期影响滞后问题，可以通过促进批发零售业、通信业、物流业的协同发展与合作加以解决。先进的通信技术和发达的交通物流能使商品更经济、更便捷地从生产商流向到消费者。多数研究也表明，物流业的发展会对批发零售业的发展产生较强的促进作用（张永恒，2015；陈茜敏，2017）。对批发零售业提供信息技术支持不仅可以实现我国批发零售业从传统向现代转型，而且能促进现代物流业的发展与技术革新，提高行业附加值。此外，要大力发展物流配送中心，通过电子商务交易模式提高交易效率，扩大交易半径，降低交易成本，加强网络和物流的融合，进而提高批发零售业的商品交易效率，疏通批发零售业对服务业的短期影响路径。

第三，房地产业的随机波动相比其他三个行业更加频繁和剧烈，导致房地产业对服务业的传导作用不太稳定。为稳定房地产业自身运行以及房地产业对服务业和经济的促进作用，政府对房地产业的调控应通过市场，以间接手段为主。限购、限贷等政策虽然可以在一定程度上控制房价，却使国民经济增长和就业受到了打击。由此可见，房地产业的稳定应该以市场机制调节为主，配合货币政策和财政政策等间接调控手段。同时，调控政策需适度并注重长期发展，避免对房地产业造成过于严重的抑制作用，从而影响其上下游的其他行业以及国民经济运行。

另外，由于房地产业的频繁波动会影响其对服务业的正向促进作用，对房地产业的调控应注意差别化，避免引起行业剧烈波动。对不同购房目的的群体，在抑制投机性需求的同时要避免伤害公众对于住房的刚性需求。调整房地产的供求结构，增加中低档房的供给，避免房地产市场的剧烈波动对服务业及宏观经济造成冲击。在适当下调首套和二套住房首付比例的同时，可通过征收房产税和提高房地产印花税等方式来抑制房地产的过度需求。对不同的收入群体，可对低收入群体和老年购房者实行税收优惠或进行补贴。合理的税收和补贴政策有助于调节收入分配和稳定经济，要构建完善合理的税收体系来鼓励购房、抑制投机。不同地区的政策也要注意差别化，中国各个城市的发展差距很大，一刀切的政策并不适合我国房地产市场。一线城市和二线、三线城市的房地产繁荣程度和需求结构不完全一样，因此需要给予当地政府一定的调控房地产市场的权力，但同时要注意信息公开和监管监督。促进房地产行业长远平稳发展，才能发挥房地产业对服务业及宏观经济的积极作用。

第三节 研究不足及展望

本书的研究结论具有一定的理论意义和现实意义，但仍存在以下局限性和需要进一步完善的地方：

第一，由于服务业周期本身的复杂性，其周期运行还受很多不可观测指标和不可预测因素的影响，我们对服务业周期的景气监测无法做到真正意义上的准确和实时，这是由研究问题本身的特征决定的。

第二，受限于数据可得性，服务业整体及行业数据公布的种类较少，缺乏先行指标与滞后指标的数据，本书仅构建了服务业及四个重点服务行业的景气指数。在未来的研究中，随着数据公布的进一步完善，可进一步构建服务业先行景气指数和服务业滞后景气指数以完善服务业周期监测框架。

第三，相比以往采用两区制马尔科夫模型的周期特征研究，本书采用四区制马尔科夫模型从增长速度与波动强度两种角度对服务业周期阶段进行了划分，但本书的模型设定形式仍存在一定的局限性。在经济新常态阶段，服务业周期呈现小幅低位的"微波化"周期特征，在这一阶段的"低增长"或者"低波动"阶段与经济新常态之前的"低增长"和"低波动"的概念应进行进一步划分。在未来研究中，可以考虑如何在经济新常态时期，细化服务业周期波动特征并进行周期阶段的判别。

参考文献

曹锦文：《公路货运景气指数系统研究》，博士学位论文，长安大学，2011年。

陈创练、戴明晓：《货币政策、杠杆周期与房地产市场价格波动》，《经济研究》2018年第9期。

陈创练、张年华、黄楚光：《外汇市场、债券市场与股票市场动态关系研究》，《国际金融研究》2017年第12期。

陈建华、周健、梁鸿旭：《景气模型在交通运输需求短期预测中的应用研究》，《发展研究》2017年第10期。

陈凯：《美国服务业内部结构变动趋势分析》，《软科学》2008年第3期。

陈凯：《中国服务业内部结构变动的影响因素分析》，《财贸经济》2006年第10期。

陈浪南、刘宏伟：《我国经济周期波动的非对称性和持续性研究》，《经济研究》2007年第4期。

陈乐一：《中国商品市场波动实证研究》，《财经问题研究》1997年第3期。

陈乐一、陈柏福、李星：《中国商品市场的合成指数分析》，《财经理论与实践》2008年第1期。

陈乐一、李星：《我国商品市场景气转折点的分析与预测》，《财经理论与实践》2008 年第 6 期。

陈乐一、李玉双：《我国商品市场周期阶段与影响因素分析》，中国经济出版社 2014 年版。

陈乐一、李玉双、李璐：《我国商品市场周期阶段研究》，《经济问题探索》2012 年第 7 期。

陈乐一、彭化、李璐：《我国省际商品市场周期同步性的测算与分析》，《经济问题探索》2014 年第 8 期。

陈乐一、粟壬波、李春风：《外部冲击视角下我国商品市场周期阶段转换研究》，《财经问题研究》2013 年第 12 期。

陈乐一、吴川龙：《我国商品市场周期波动实证研究》，《贵州社会科学》2014 年第 9 期。

陈磊：《我国宏观经济指标周期波动相关性的互谱分析》，《统计研究》2001 年第 9 期。

陈磊：《中国经济周期波动的测定和理论研究》，东北财经大学出版社 2005 年版。

陈磊：《中国转轨时期经济景气的测定和分析》，《世界经济》2001 年第 12 期。

陈磊：《中国转轨时期经济增长周期的基本特征及其解释模型》，《管理世界》2002 年第 12 期。

陈磊：《中国转型期的信贷波动与经济波动》，《财经问题研究》2004 年第 9 期。

陈磊、高铁梅：《利用 Stock—Watson 型景气指数对宏观经济形势的分析和预测》，《数量经济技术经济研究》1994 年第 5 期。

陈磊、高铁梅、王金明等：《2000 年我国经济景气形势分析和预测》，《数量经济技术经济研究》2000 年第 6 期。

陈磊、孔宪丽：《转折点判别与经济周期波动态势分析——2007 年经济景气形势分析和预测》，《数量经济技术经济研究》2007 年第 6 期。

陈磊、李颖、张桂莲：《景气形势、物价与宏观调控——利用 STR 模型对经济形势的分析》，《数量经济技术经济研究》2010 年第 8 期。

陈磊、孟勇刚、王艺枞：《双重视角下的中国经济周期混频测度》，《统计研究》2018 年第 9 期。

陈磊、孟勇刚、咸金坤：《我国宏观经济景气的实时监测与预测》，《数量经济技术经济研究》2019 年第 2 期。

陈磊、隋占林、咸金坤：《我国经济增长速度的实时预测》，《吉林大学社会科学学报》2016 年第 5 期。

陈磊、王艺枞、孟勇刚：《基于混频数据的中国服务业景气指数构建与周期波动分析》，《财贸研究》2019 年第 2 期。

陈磊、吴桂珍、高铁梅：《主成分分析与景气波动——对 1993 年我国经济发展趋势的预测》，《数量经济技术经济研究》1993 年第 7 期。

陈磊、张屹山：《我国转轨时期经济周期波动的谱分析》，《数量经济技术经济研究》2001 年第 1 期。

陈茜敏：《中国物流业与批发零售业的协同发展研究》，《物流技术》2017 年第 7 期。

陈越：《软件与信息技术服务业景气指数研究——以南京中小企业为例》，《当代经济》2017 年第 25 期。

程大中：《中国服务业与经济增长：一般均衡模型及其经验研究》，《世界经济》2010 年第 10 期。

崔敏、魏修建：《服务业各行业生产率变迁与内部结构异质性》，《数量经济技术经济研究》2015 年第 4 期。

邓创、徐曼：《中国金融周期波动及其宏观经济效应的时变特征研究》，《数量经济技术经济研究》2014 年第 9 期。

邓创、徐曼:《中国金融周期与经济周期的交互影响作用分析——基于动态溢出指数方法的实证研究》,《上海财经大学学报》2018年第6期。

董进:《宏观经济波动周期的测度》,《经济研究》2006年第7期。

董倩、孙娜娜、李伟:《基于网络搜索数据的房地产价格预测》,《统计研究》2014年第10期。

董文泉、高铁梅:《Stock—Watson型景气指数及其对我国经济的应用》,《数量经济技术经济研究》1995年第12期。

董文泉、郭庭选、高铁梅:《我国经济循环的测定、分析和预测（Ⅰ）——经济循环的存在和测定》,《吉林大学社会科学学报》1987年第3期。

杜辉:《试论苏联社会主义经济增长的周期性》,《南开经济研究》1986年第2期。

范小云、袁梦怡、肖立晟:《理解中国的金融周期:理论、测算与分析》,《国际金融研究》2017年第1期。

《房地产周期波动研究》课题组:《中国房地产周期波动:解释转移与相机政策》,《财贸经济》2002年第7期。

高华川、白仲林:《中国月度GDP同比增长率估算与经济周期分析》,《统计研究》2016年第11期。

高铁梅、陈磊、王金明等:《经济周期波动分析与预测方法》,清华大学出版社2015年版。

高铁梅、董文泉:《建立我国宏观经济监测预警模型的初步尝试》,《数量经济技术经济研究》1988年第10期。

高铁梅、樊克勤:《我国经济预警信号系统的维护和应用》,《预测》1997年第5期。

高铁梅、贺剑敏:《物价指数变动的分析与预测》,《数量经济技术经济研究》1990 年第 10 期。

高铁梅、孔宪丽、刘玉：《中国钢铁工业景气指数的开发与应用研究》，《中国工业经济》2003 年第 11 期。

高铁梅、李颖、梁云芳：《2009 年中国经济增长率周期波动呈 U 型走势——利用景气指数和 Probit 模型的分析和预测》，《数量经济技术经济研究》2009 年第 6 期。

高铁梅、梁云芳等：《构建多维框架景气指数系统的初步尝试》，《数量经济技术经济研究》2006 年第 7 期。

高铁梅、王金明、陈飞：《中国转轨时期经济增长周期波动特征的实证分析》，《财经问题研究》2009 年第 1 期。

郭克莎：《外商直接投资对我国产业结构的影响研究》，《经济研究参考》2000 年第 21 期。

郭明星、刘金全、刘志刚：《我国货币供给增长率与国内产出增长率之间的影响关系检验——来自 MS – VECM 模型的新证据》，《数量经济技术经济研究》2005 年第 5 期。

郭娜、梁琪：《我国房地产市场周期与金融稳定——基于随机游走滤波的分析》，《南开经济研究》2011 年第 4 期。

郭庆旺、贾俊雪、杨运杰：《中国经济周期运行特点及拐点识别分析》，《财贸经济》2007 年第 6 期。

郭庭选、高铁梅：《我国经济循环的测定、分析和预测（Ⅱ）——转折点的指数配对预测方法》，《数量经济技术经济研究》1989 年第 2 期。

国家统计局：《2018 年经济运行保持在合理区间发展的主要预期目标较好完成》，《中国经贸导刊》2019 年第 3 期。

国家统计局服务业司：《服务业已成为我国经济发展的主动力》，《中国信息报》2018 年 4 月 16 日第 1 版。

韩艾、郑桂环、汪寿阳：《广义动态因子模型在景气指数构建中的应用——中国金融周期景气分析》，《系统工程理论与实践》2010年第5期。

何国钊、曹振良、李晟：《中国房地产周期研究》，《经济研究》1996年第12期。

何青、钱宗鑫、郭俊杰：《房地产驱动了中国经济周期吗?》，《经济研究》2015年第12期。

贺小丹、田新民：《高端生产性服务业水平、结构及对制造业渗透性研究——以京津冀地区为例》，《首都经济贸易大学学报》2018年第5期。

洪群联：《生产性服务业发展的突出问题与政策建议》，《中国经贸导刊》2018年第2期。

黄辉：《"一带一路"交通运输指数编制方法和发展》，《重庆交通大学学报》（社会科学版）2018年第4期。

江小涓：《服务业增长：真实含义、多重影响和发展趋势》，《经济研究》2011年第4期。

江小涓、李辉：《我国地区之间实际收入差距小于名义收入差距——加入地区间价格差异后的一项研究》，《经济研究》2005年第9期。

孔宪丽、陈磊：《中国装备制造业景气波动特征及影响因素的实证分析》，《统计与决策》2009年第9期。

李朝鲜、兰新梅：《零售商业景气波动及其对宏观经济增长波动的影响效应分析》，《北京工商大学学报》（社会科学版）2005年第2期。

李朝鲜、兰新梅：《试论零售商业景气扩散指数的编制与应用》，《经济经纬》2004年第3期。

李江帆：《服务消费结构数学模型探讨》，《消费经济》1989年第3期。

李江帆：《服务消费品的使用价值与价值》，《中国社会科学》1984年第3期。

李江帆：《略论服务消费品》，《华南师院学报》（社会科学版）1981年第3期。

李江帆：《新型工业化与第三产业的发展》，《经济学动态》2004年第1期。

李江帆、杨振宇：《中国地方政府的产业偏好与服务业增长》，《财贸经济》2012年第12期。

李江帆、曾国军：《中国第三产业内部结构升级趋势分析》，《中国工业经济》2003年第3期。

李正辉、郑玉航：《基于混频数据模型的中国经济周期区制监测研究》，《统计研究》2015年第1期。

梁云芳、高铁梅：《我国房地产投资周期波动的特征——基于主成分分析方法构建我国房地产投资景气指数》，《21世纪数量经济学》2008年第9卷。

林建浩、王美今：《中国宏观经济波动的"大稳健"——时点识别与原因分析》，《经济学》（季刊）2013年第2期。

刘畅、高铁梅：《中国电力行业周期波动特征及电力需求影响因素分析——基于景气分析及误差修正模型的研究》，《资源科学》2011年第1期。

刘丹鹭：《服务业发展能烫平宏观经济波动吗？——基于中国数据的研究》，《当代财经》2011年第6期。

刘汉：《中国宏观经济混频数据模型的研究与应用》，博士学位论文，吉林大学，2013年。

刘汉、刘金全：《中国宏观经济总量的实时预报与短期预测——基于混频数据预测模型的实证研究》，《经济研究》2011年第3期。

刘金全、范剑青：《中国经济周期的非对称性和相关性研究》，《经济研究》2001年第5期。

刘金全、付卫艳、刘达禹：《我国经济增长率动态波动机制——基于TVP-VAR模型的实证研究》，《上海经济研究》2014年第5期。

刘金全、刘达禹、徐宁：《中国通货膨胀成本的非对称性与货币政策动态调控模式研究》，《数量经济技术经济研究》2015年第12期。

刘金全、刘志刚：《具有Markov区制转移的向量误差修正模型及其应用》，《管理科学学报》2006年第5期。

刘金全、张龙：《中国混频金融状况指数的经济增长预测效果与检验》，《统计与信息论坛》2019年第1期。

刘树成：《我国固定资产投资周期性初探》，《经济研究》1986年第2期。

刘树成：《中国经济波动的新轨迹》，《经济研究》2003年第3期。

刘树成：《中国经济周期研究报告》，社会科学文献出版社2006年版。

刘学成：《国内房地产周期研究综述》，《中国房地产》2001年第4期。

刘尧成、刘伟：《金融周期对中国经济结构失衡的传导机制分析》，《统计与信息论坛》2019年第1期。

卢建：《中国经济周期的实证分析》（上），《管理世界》1991年第4期。

陆娅楠：《服务业成我国经济发展主动力》，《人民日报》2018年4月16日第10版。

栾惠德、侯晓霞：《中国实时金融状况指数的构建》，《数量经济技术经济研究》2015年第4期。

罗光强、曾福生、曾伟：《服务业发展对中国经济增长周期的影响》,《财贸经济》2008 年第 5 期。

罗时龙:《服务业与中国经济增长实证研究》,博士学位论文,南京农业大学,2006 年。

马建堂:《试析我国经济周期中产业结构的变动》,《中国工业经济》1990 年第 1 期。

马建堂:《周期波动与结构变动》,湖南教育出版社 1990 年版。

孟勇刚:《经济新常态下的中国宏观经济监测与预测研究》,博士学位论文,东北财经大学,2018 年。

Niemira, M., Klein, P.:《金融与经济周期预测》,邱东译,中国统计出版社 1998 年版。

宁吉喆:《如何看待我国服务业快速发展》,《中国经贸导刊》2016 年第 11 期。

祁神军、万清、张云波等:《房地产周期波动及价格趋势分析与预测》,《武汉理工大学学报》(信息与管理工程版)2011 年第 2 期。

邱强、万海远:《我国房地产业的周期运行特征》,《统计与决策》2007 年第 22 期。

任泽平、陈昌盛:《经济周期波动与行业景气变动:因果联系、传导机制与政策含义》,《经济学动态》2012 年第 1 期。

师应来、王平:《房地产预警指标体系及综合预警方法研究》,《统计研究》2011 年第 11 期。

石柱鲜、刘俊生、吴泰岳:《利用多变量马尔科夫转移因子模型对我国经济周期波动的经验研究》,《数理统计与管理》2007 年第 5 期。

石柱鲜、吴泰岳、邓创等:《关于我国产业结构调整与经济周期波动的实证研究》,《数理统计与管理》2009 年第 3 期。

舒建玲、丘汉伟:《批发零售业与经济增长关系实证研究——基于中美两国对比视角》,《改革与战略》2015 年第 3 期。

司颖华：《我国房地产周期的测度及其非线性动态调整》，《统计与决策》2014年第19期。

孙广生：《经济波动与产业波动（1986—2003）——相关性、特征及推动因素的初步研究》，《中国社会科学》2006年第3期。

田磊、林建浩：《经济政策不确定性兼具产出效应和通胀效应吗？来自中国的经验证据》，《南开经济研究》2016年第2期。

田青、高铁梅：《转轨时期我国城镇不同收入群体消费行为影响因素分析——兼谈居民消费过度敏感性和不确定性》，《南开经济研究》2009年第5期。

童彤：《服务业领跑奠定中国由大国向强国转型基础》，《中国经济时报》2018年4月17日第1版。

王博、李昊然：《中国金融周期测度及国际比较研究》，《经济学动态》2018年第6期。

王建军：《Markov机制转换模型研究——在中国宏观经济周期分析中的应用》，《数量经济技术经济研究》2007年第3期。

王建伟、薛盘芬：《中国运输服务指数的编制及应用研究》，《统计与信息论坛》2012年第4期。

王金明、程建华、杨晓光：《SW型先行景气指数建设的实证研究》，《中国管理科学》2007年第8期。

王金明、刘旭阳：《基于经济景气指数对我国经济周期波动转折点的识别》，《数量经济研究》2016年第1期。

王少平：《我国实际GNP的时间趋势与周期演变》，《经济研究》1999年第7期。

王小波、顾岚、高敏雪等：《经济周期与预警研究——理论、方法、应用》，冶金出版社1994年版。

王小平、张玉霞：《我国服务业景气指数的编制与测算分析》，《财贸经济》2012 年第 4 期。

王晓红：《我国交通运输价格指数编制方法研究》，《统计研究》2003 年第 2 版。

王宗胜、梁朝晖：《批发和零售业发展与经济增长关系的实证分析》，《统计与决策》2014 年第 21 期。

威廉·配第：《政治算术》，陈冬野译，商务印书馆 1978 年版。

魏众、申金升、张智文等：《物流运输景气指数的研究》，《公路交通科技》2006 年第 5 期。

《我国商品市场周期波动转折点的分析与预测》课题组：《中国商品市场的合成指数分析》，《财经理论与实践》2008 年第 1 期。

乌家培、刘树成：《经济数量关系研究三十年》，《经济研究》1985 年第 6 期。

吴传清、邓明亮：《长江经济带房地产业景气指数测算与时空特征分析》，《湖北经济学院学报》2019 年第 3 期。

西蒙·库兹涅茨：《各国的经济增长》，常勋译，商务印书馆 2005 年版。

肖磊、鲍张蓬、田毕飞：《我国服务业发展指数测度与空间收敛性分析》，《数量经济技术经济研究》2018 年第 11 期。

徐国祥、王芳：《我国房地产市场周期波动谱分析及其实证研究》，《统计研究》2010 年第 10 期。

许宪春：《中国服务业核算及其存在的问题研究》，《统计研究》2004 年第 7 期。

薛敬孝：《试论建筑周期》，《南开学报》（哲学社会科学版）1987 年第 5 期。

叶光：《基于混频数据的一致指数构建与经济波动分析》，《统计研究》2015 年第 8 期。

伊楠、张斌：《度量中国的金融周期》，《国际金融研究》2016年第6期。

于丹：《美国服务业的经济"稳定器"作用及其对中国的启示》，《世界经济研究》2007年第5期。

余思勤、周正柱：《我国航运市场景气信号系统的研究》，《经济问题探索》2003年第3期。

约翰·加尔布雷斯：《新工业国》，嵇飞译，上海人民出版社2012年版。

张国华、胡思继、张跃玲等：《关于铁路运输景气指数的研究》，《铁道学报》1999年第2期。

张红、谢娜：《基于主成分分析与谱分析的房地产市场周期研究》，《清华大学学报》（自然科学版）2008年第9期。

张敏丽、杨长林：《基于经济周期理论的房地产景气监测系统构建及实证》，《统计与决策》2014年第15期。

张同斌、高铁梅：《中国经济周期波动的阶段特征及驱动机制研究——基于时变概率马尔科夫区制转移（MS - TVTP）模型的实证分析》，《财贸经济》2015年第1期。

张文军、陈乐一：《我国消费品市场波动与经济波动的实证研究》，《财经问题研究》2005年第3期。

张晓晶、孙涛：《中国房地产周期与金融稳定》，《经济研究》2006年第1期。

张永恒：《我国批发零售业与物流业的相互影响研究》，《中国物价》2015年第5期。

赵陈诗卉、祝继常：《铁路货运市场景气指数构建与应用》，《中国铁路》2016年第2期。

赵琳、张珣、徐山鹰：《基于广义动态因子模型的中国出口周期分析与预测》，《系统科学与数学》2011年第3期。

郑挺国、王霞：《一种基于混频数据的中国经济景气一致指数》，《21世纪数量经济学》2011年第12卷。

郑挺国、王霞：《中国经济周期的混频数据测度及实时分析》，《经济研究》2013年第6期。

周德全、真虹、乐美龙：《中国航运景气监测预警系统》，《系统工程》2015年第7期。

周学：《经济形势分析与预测——从中观经济学视角》，《经济学动态》2011年第1期。

朱平芳、王永水、李世奇等：《新中国成立70年服务业发展与改革的历史进程、经验启示》，《数量经济技术经济研究》2019年第8期。

朱太辉、黄海晶：《中国金融周期：指标、方法和实证》，《金融研究》2018年第12期。

Abramovitz, M., Inventories and Business Cycles, with Special Reference to Manufacturers' Inventories, *NBER Working Paper*, 1950.

Altissimo, F., Bassanetti, A., Cristadoro, R., et al., "A Real Time Coincident Indicator of the Euro Area Business Cycle", *General Information*, Vol. 46, No. 4, 2001: 561–562.

Altissimo, F., Cristadoro, R., Forni, M., et al., "New Euro Coin: Tracking Economic Growth in Real Time", *Review of Economics and Statistics*, Vol. 92, No. 4, 2010: 1024–1034.

Alexandru, D. L., "Multicriteria Analysis-Instrument for an Accurate Analysis of the Impact of the Service Sector on the Economy", *Studies in Business & Economics*, Vol. 8, No. 6 (Part B), 2013: 43–53.

Ana, M. Fernandes, "Structure and Performance of the Services Sector in Transition Economies", *The world Bank Working Paper*, No. 4357,

2007.

Aruoba, S. B., F. X. Diebold, C. and Scotti, "Real-Time Measurement of Business Conditions", *Journal of Business & Economic Statistics*, No. 27, 2009: 417 – 427.

Baker, S. R. and Bloom, N., "Does Uncertainty Reduce Growth? Using Disasters as Natural Experiments", *NBER Working Paper*, No. 19475, 2013.

Banbura Mand Modugno, Michele, "Maximum Likelihood Estimation of Factor Models on Datasets with Arbitrary Pattern of Missing Data", *Journal of Applied Econometrics*, Vol. 29, No. 1, 2014: 133 – 160.

Banerji, A. and Hiris, L., A Framework for Measuring International Business Cycles, *International Journal of Forecasting*, Vol. 17, No. 3, 2001: 333 – 348.

Baxter, M., King and Robert, G., "Measuring Business Cycles: Approximate Band-Pass Filters for Economic Time Series", *Review of Economics & Statistics*, Vol. 81, No. 4, 1999: 575 – 593.

Bec, F., Bouabdallah, O. and Ferrara, L., "The Way out of Recessions: A forecasting Analysisfor Some Euro Area Countries", *International Journal of Forecasting*, Vol. 30, No. 3, 2014: 539 – 549.

Bec, F., Bouabdallah, O. and Ferrara, L., "Comparing the Shape of Recoveries: France, the UK and the US", *Economic Modeling*, No. 44, 2015: 327 – 334.

Benati, L., "Investigating Inflation Persistence across Monetary Regimes", *Quarterly Journal of Economics*, Vol. 123, No. 3, 2008: 1005 – 1060.

Bernanke, B., M. Gertler and S. Gilchrist, "The Financial Accelerator in a Quantitative Business Cycle Framework", in B. John and M.

Woodford, *Handbook of Macroeconomics*, 1999: 1341 - 1393.

Beveridge, S. and Charles, R. Nelson, "A New Approach to Decomposition of Economic Time Series into Permanent and Transitory Components with Particular Attention to Measurement of the 'Business Cy-cle'", *Journal of Monetary Economics*, Vol. 7, No. 2, 1981: 151 - 174.

Bhagwati, J. N., "Splintering andDisembodiment of Services and Developing Nations", *The World Economy*, No. 7, 1984: 133 - 143.

Borio, C., "The Financial Cycle and Macroeconomics: What Have We Learnt?", *Journal of Banking and Finance*, No. 45, 2014: 182 - 198.

Brown, G. T., Real Estate Cycles Alter the Valuation Perspective, *Appraisal Journal*, 1984, 54 (4): 539 - 549.

Bry, G. and Boschan, C., *Cyclical Analysis of Time Series: Selected Procedures and Computer Programs*, New York: National Bureau of Economic Research Press, 1971.

Burns, F., *Long Cycles in Residential Construction*, New York: Columbia University Press, 1935: 12 - 89.

Burns, A. and Mitchell, W., "Measuring Business Cycles", *National Bureau of Economic Research Working Paper*, 1946.

Cogley, T., Sargent, T. J., *Drifts and Volatilities: Monetary Policies and Outcomes in the Post WWII U. S.*, Mimeo, 2003, New York University.

Camacho, M., Perez Quiros, G. and Poncela, P., "Extracting Nonlinear Signals from Several Economic Indicators", *Journal of Applied Econometrics*, Vol. 30, No. 7, 2014: 1073 - 1089.

Camacho, M., Perez Quiros, G. and Poncela, P., "Green Shoots in the Euro Area: A Real Time Measure", *Ssrn Electronic Journal*, No. 1026, 2010: 9 – 41.

Camacho, M., Perez Quiros, G. and Poncela, P., "Markov-Switching Dynamic Factor Models in Real Time", *Ssrn Electronic Journal*, No. 237, 2012.

Camacho, M., "Mixed-frequency VAR models with Markov-switching Dynamics", *Economics Letters*, Vol. 121, No. 3, 2013: 369 – 373.

Camacho, M., "Vector Smooth Transition Regression Models for US GDP and the Composite Index of Leading Indicators", *Journal of Forecasting*, Vol. 23, No. 3, 2004: 173 – 196.

Camacho, M. and Perez-Quiros, G., "Introducing the Euro-sting: Short-term Indicator of Euro Area Growth", *Journal of Applied Econometrics*, Vol. 25, No. 4, 2010: 663 – 694.

Camacho, M. and Perezquiros, G., "A New Framework to Analyze Business Cycle Synchronization", *Contributions to Economic Analysis*, Vol. 276, No. 1, 2006: 133 – 149.

Canova, F., "Modelling and Forecasting Exchange Rates with a Bayesian Time-varying Coefficient Model", *Journal of Economic Dynamics & Control*, Vol. 17, No. 1, 1993: 233 – 261.

Castillo, Paúl., Humala, A., Tuesta, V., "Regime shifts and inflation uncertainty in Peru", *Journal of Applied Economics*, Vol. 15, No. 1, 2012: 71 – 87.

Chauvet, M. and Hamilton, J. D., "Dating Business Cycle Turning Points", *NBER Working Papers*, No. 5, 2005.

Chauvet, M. and Piger, J., "A Comparison of the Real-Time Performance of Business Cycle Dating Methods", *Journal of Business & Economic*

Statistics, Vol. 26, No. 1, 2008: 42 - 49.

Chauvet, M. and Potter, S., "Business Cycle Monitoring with Structural Changes", *International Journal of Forecasting*, Vol. 26, No. 1, 2010: 777 - 793.

Chauvet, M. and Potter, S., "Forecasting Recessions Using the Yield Curve", *Journal of Forecasting*, Vol. 24, No. 2, 2005: 77 - 103.

Chauvet, M. and Potter, S., "Predicting a Recession: Evidence from the Yield Curve in the Presence of Structural Breaks", *Social Science Electronic Publishing*, Vol. 77, No. 2, 2002: 245 - 253.

Chauvet, M., "An Econometric Characterization of Business Cycle Dynamics with Factor Structure and Regime Switching", *International Economic Review*, Vol. 39, No. 4, 1998: 969 - 996.

Chib, S., Nardari, F. and Shephard, N., "Markov Chain Monte Carlo Methods for Stochastic Volatility Models", *Journal of Econometrics*, Vol. 108, No. 2, 2002: 281 - 316.

Claessens, S., Kose, M. A. and Terrones, M. E., "How do Business and Financial Cycles Interact?", *Journal of International Economics*, Vol. 87, No. 1, 2012: 1 - 190.

Clark, C., *The Conditions of Economic Progress*, London: Macmillan & Co. Ltd., 1951.

Clements, M. P. and Galvao, A. B., "Macroeconomic Forecasting With Mixed-Frequency Data", *Journal of Business & Economic Statistics*, Vol. 26, No. 4, 2008: 546 - 554.

Clements, M. P. and Galvao, A. B., "Forecasting Us Output Growth Using Leading Indicators: An Appraisal Using Midas Models", *Journal of Applied Econometrics*, Vol. 24, No. 7, 2009: 1187 - 1206.

David, W. B. and Donald, G. W., "Estimating the Transition between Two Intersecting Straight Lines", *Biometrika*, Vol. 58, No. 3, 1971: 525 – 534.

Daniel Bell, *The Coming of Post-industrial Society*, London: Heinemann Educational Books Ltd. , 1974.

De Jong, P. and Shephard, N. G. , "The Simulation Smoother for Time Series Models", *Biometrika*, Vol. 82, No. 2, 1995: 339 – 350.

Diebold, F. , Rudebusch, G. , "Measuring Business Cycles: A Modern Perspective", *Review of Economics and Statistics*, Vol. 78, 1996: 67 – 77.

Dijk, D. V. and Franses, P. H. , "Modeling Multiple Regimes in the Business Cycle", *Macroeconomics Dynamics*, Vol. 3, No. 3, 1999: 311 – 340.

Doz, C. and Petronevich, A. , "On the Consistency of the Two-step Estimates of the MS-DFM: a Monte Carlo Study", *Working Paper*, 2017.

Drehmann, M. , Borio, C. and Tsatsaronis, K. , "Characterising the Financial Cycle: Don't Lose Sight of the Medium-term!", *BIS Working Paper*, No. 380, 2012.

Durbin, J. and Koopman, S. J. , "Simple and Efficient Simulation Smoother for State Space Time Series Analysis", *Biometrika*, Vol. 89, No. 3, 2002: 603 – 616.

Durland, J. M. and Mccurdy, T. , "Duration-Dependent Transitions in a Markov Model of U. S. GNP Growth", *Journal of Business & Economic Statistics*, Vol. 12, No. 3, 1994: 279 – 288.

Eichengreen, B. and Poonam Gupta, "The Two Waves of Service Sector Growth", *NBER Working Paper Series*, No. 14968, 2009.

Filardo, A. J. , "Business-Cycle Phases and Their Transitional Dynamics", *Journal of Business & Economic Statistics*, Vol. 12, No. 3, 1994: 299 – 308.

Fine, T. L., et al., *Feedforward Neural Network Methodology*, Berlin: published in Statistics for Engineering and Information Science by Springer, 1999.

Forni, M., Hallin, M., Reichlin, L., et al., "The Generalised Dynamic Factor Model: Identification and Estimation", *Review of Economics and Statistics*, No. 82, 2000: 540 – 554.

Forni, M., Hallin, M., Lippi, M., & Reichlin, L., "The Generalized Dynamic Factor Model: One-Sided Estimation and Forecasting", *Journal of the American Statistical Association*, Vol. 100, No. 471, 2005: 830 – 840.

Fourastie, J., *The Great Hope of the 20th century, Progress Technique, Progress Economic, Progress Social*, Paris: From France University Press, 1949.

Fuchs, V. R., *The Service Economy*, New York: National Bureau of Economic Research Press, 1968.

Ge, G., Kalotay, E. and Trrck, S., "Real Estate Cycle and Bank Systemic Risks", *CIFR Research Working Paper Series*, No. 120, 2016.

Gershuny, J. I. and Miles, I. D., *The New Service Economy*, New York: Praeger Press, 1983.

Gershuny, J. I., *After Industrial Society? The Emerging Self-Service Economy*, New York: Humanities Press, 1978.

Geweke, John, "Using Simulation Methods for Bayesian Econometric Models: Inference, Development, and Communication", *Econometric Reviews*, Vol. 18, No. 1, 1999: 1 – 73.

Geweke, J., "Evaluating the Accuracy of Sampling-Based Approaches to the Calculation of Posterior Moments", *Federal Reserve Bank of Minneapolis Staff Repport*, No. 148, 1991: 169 – 193.

Ghosh, A. R. and Wolf, H. C., "Geographical and Sectoral Shocks in the U. S. Business Cycle", *NBER Working Paper*, No. 6180, 1997.

Goldfeld, S. and Quandt, R., "The Estimation of Structural Shifts by Switching Regressions", *NBER Chapters*, No. 2, 1973.

Hamilton, J. D., "Analysis of Time Series Subject to Changes in Regime", *Journal of Econometrics*, Vol. 45, No. 1, 1990: 39 – 70.

Hamilton, J. D., "A New Approach to the Economic Analysis of Nonstationary Time Series and the Business Cycle", *Econometrica*, Vol. 57, No. 2, 1989: 357 – 384.

Hansen, B., "Autoregressive Conditional Density Estimation", *International Economic Review*, Vol. 35, No. 3, 1994: 705 – 730.

Harding, D. and Pagan, A., "A Suggested Framework for Classifying the Modes of cycleResearch", *Journal of Applied Econometrics*, Vol. 20, No. 2, 2005: 151 – 159.

Harding, D. and Pagan, A., "Dissecting the Cycle: a Methodological Investigation", *Journal of Monetary Economics*, Vol. 49, No. 2, 2002: 365 – 381.

Harding, D. and Pagan, A., "Synchronization of Cycles", *Journal of Econometrics*, Vol. 132, No. 1, 2006: 59 – 79.

Harvey, A. C., *Forecasting, Structural Time Series Models and the Kalman Filter*, Cambridge: Cambridge University Press, 1989.

Harvey, A. C., "Trends and Cycles in Macroeconomic Time Series", *Journal of Business & Economic Statistics*, Vol. 3, No. 3, 1985: 216 –

227.

Hodrick, R. J. and Prescott, E. C., "Post-War U. S. Business Cycles: An Empirical Investigation", *Social Science Electronic Publishing*, Vol. 29, No. 1, 1997: 1 – 16.

Irvine, F. O. and Schuh, S., "Inventory Investment and Output Volatility", *International Journal of Production Economics*, Vol. 94, No. 1, 2005: 75 – 86.

Katouzian, "The Development of the Service Sector: A New Approach", *Oxford Economic Papers New Series*, Vol. 22, No. 3, 1970: 362 – 382.

Kim, C. J. and Nelson, C. R., *State-Space Models with Regime Switching: Classical and Gibbs-sampling Approaches with Applications Cambridge*, Mass.: MIT Press, 1999.

Kim, C. J., Morley Jand Piger, J., "Nonlinearity and the Permanent Effects of Recessions", *Journal of Applied Econometrics*, Vol. 20, No. 2, 2005: 291 – 309.

Kim, C. J. and Nelson, C. R., "Business Cycle Turning Points, a New Coincident Index, and Tests of Duration Dependence based on a Dynamic Factor Model with Regime Switching", *Review of Economics and Statistics*, Vol. 80, No. 2, 1998: 188 – 201.

Kim, C. J., "Dynamic Linear Models with Markov-Switching", *Journal of Econometrics*, No. 60, 1994: 1 – 22.

Kim, S., Shephard, N. and Chib, S., "Stochastic Volatility: Likelihood Inference and Comparison with ARCH Models", *The Review of Economic Studies*, Vol. 65, No. 3, 1998: 361 – 393.

Kiyotaki, N. and J. Moore, "Credit Cycles", *The Journal of Political Economy*, Vol. 105, No. 2, 1997: 211 – 248.

Kholodilin, K. A. , "Dynamic Factor Analysis as a Methodology of Business Cycle Research", *Doctoral Dissertation*, Autonomous University of Barcelona, 2003: 1 – 155.

Kholodilin, K. A. and Wenxiong Vincent Yao, "Business Cycle Turing Points: Mix-Frequency Data with Structural Breaks", *Discussion Papers* (*IRES*), Vol. 12, No. 12, 2004: 207 – 218.

Koop, G. and Korobilis, D. , "A New Index of Financial Conditions", *European Economic Review*, No. 71, 2014: 101 – 116.

Koop, G. and Korobilis, D. , "Bayesian Multivariate Time Series Methods for Empirical Macroeconomics", *Foundations and Trends in Econometrics*, Vol. 3, No. 4, 2009: 267 – 358.

Koop, G. and Korobilis, D. , "Forecasting Inflation using Dynamic Model Averaging", *International Economic Review*, Vol. 53, No. 3, 2012: 867 – 886.

Kuznets, S. , *Modern Economic Growth*, New Haven, CT: Yale University Press, 1966.

Lahiri, K. and Yao, W. , "A Dynamic Factor Model of the Coincident Indicators for the U. S. Transportation Sector", *Applied Economics Letters*, No. 11, 2003b: 595 – 600.

Lahiri, K. and Yao, W. , "The Predictive Power of an Experimental Transportation Output Index", *Applied Economics Letters*, Vol. 11, No. 3, 2004a: 149 – 152.

Lahiri, K. HO Stekler, W. Yao and P. Young, "Monthly Output Index for the U. S. Transportation Sector", *Journal of Transportation and Statistics*, Vol. 6, No. 3, 2003a: 1 – 27.

Lahiri, K. , Yao, W. and Young, P. , "Cycles in the Transportation

Sector and the Aggregate Economy", *Transportation Research Record*, *National Academies*, 2004b: 103 - 111.

Lahiri, K. and Vincent Wenxiong Yao, "Economic Indicators for the US Transportation Sector", *Transportation Research Part A: Policy & Practice*, Vol. 40, No. 10, 2006: 872 - 887.

Layton, A. P. and Moore, G. H., "Leading Indicators for the Service Sector", *Journal of Business & Economic Statistics*, Vol. 7, No. 3, 1989: 378 - 386.

Layton, A. P. and Smith, D. R., "Business Cycle Dynamics with Duration Dependence and Leading Indicators", *Journal of Macroeconomics*, Vol. 29, No. 4, 2007: 855 - 875.

Leamer, E. E., "Housing is the Business Cycle", *Social Science Electronic Publishing*, Vol. 46, No. 3, 2007: 149 - 233.

Lundbergh, S., Terasvirta, T. and Dijk, D. V., "Time-Varying Smooth Transition Autoregressive Models", *Journal of Business & Economic Statistics*, Vol. 21, No. 1, 2003: 104 - 121.

Luukkonen, R., Saikkonen, P., Terasvirta, T., "Testing Linearity Against Smooth Transition Autoregressive Models", *Biometrika*, Vol. 75, No. 3, 1988: 491 - 499.

Mariano, R. S. and Murasawa, Y., "A Coincident Index, Common Factors, and Monthly Real GDP", *Oxford Bulletin of Economics & Statistics*, Vol. 72, No. 1, 2010: 27 - 46.

Mariano, R. S. and Murasawa, Y., "A New Coincident Index of Business Cycles Based on Monthly and Quarterly Series", *Journel of Applied Econometrics*, Vo. 18, No. 4, 2003: 427 - 443.

Markusen, J., "Trade in Producer Services and in Other Specialized

Intermediate Inputs", *American Economic Review*, Vol. 79, No. 1, 1989: 85 – 95.

Michael Funke, Aaron Mehrotra and Hao Yu, "Tracking Chinese CPI Inflation in Real Time", *Empirical Economics*, Vol. 48, No. 4, 2011: 1619 – 1641.

Mitchell, W. C., *Business Cycles: The Problem and Its Setting*, New York: National Bureau of Economic Research, 1927.

Moore, G. H., "The Service Industries and the Business Cycle", *Business Economics*, No. 22, 1987: 12 – 17.

Nakajima, J., "Time-Varying Parameter VAR Model with Stochastic Volatility: An Overview of Methodology and Empirical Applications", *Monetary and Economic Studies*, No. 29, 2011b: 107 – 142.

Nakajima, J., Kasuya, M. and Watanabe, T., "Bayesian Analysis of Time-varying Parameter Vector Autoregressive Model for the Japanese Economy and Monetary Policy", *Journal of the Japanese and International Economics*, Vol. 25, No. 3, 2011a: 225 – 245.

Primiceri, G. E., "Time Varying Structural Vector Auto Regressions and Monetary Policy", *Review of Economic Studies*, No. 72, 2005: 821 – 852.

Proietti, T. and Moauro, F., "Dynamic Factor Analysis with Non-Linear Temporal Aggregation Constraints", *Journal of the Royal Statistical Society*, Vol. 55, No. 2, 2006: 281 – 300.

Pugno, M., "The Service Paradox and Endogenous Economic Growth", *Structural Change and Economic Dynamics*, No. 17, 2006: 99 – 115.

Sinha, A., Roy, I., Saggar, S., "Service Sector Index for India", *Journal of Income & Wealth*, Vol. 34, No. 2, 2012: 157 – 166.

Shephard, N. (Ed.), *Stochastic Volatility: Selected Readings*, Oxford: Oxford University Press, 2005.

Shephard, N., Pitt, M. K., "Likelihood analysis of non-Gaussian measurement time series", *Biometrika*, Vol. 84, 1997: 653 – 668.

Shugan, S. M., Explanations for the Growth of Services, In: Rust RT, Oliver RL, editors, *Service Quality: New Directions in Theory and Practice*, Thosand Oaks, CA: Sage Publications, 1994: 72 – 94.

Simpson, P. W., Osborn, D. R., Sensier, M., "Modelling Business Cycle Movements in the UK Economy", *Economica*, Vol. 68, 2001: 243 – 267.

Sims, C. A., "Macroeconomics and Reality", *Econometrica*, Vol. 48, No. 1, 1980: 1 – 48.

Sims, C. A., "Comment on Sargent and Cogley's 'Evolving Post World War II US Inflation Dynamics'", *NBER Macroeconomics Annual*, Vol. 16, 2001: 379 – 387.

Singelmann, Joachim, *From Agriculture to Services: The Transformationof Industrial Employment*, Sage: Beverly Hills Press, 1978.

Stock, J. H. and Watson, M. W., "Forecasting Output and Inflation: The Role of Asset Prices", *Journal of Economic Literature*, Vol. 41, No. 3, 2003: 788 – 829.

Stock, J. H. and Watson, M. W., "A Comparison of Linear and Nonlinear Univariate Models for Forecasting Macroeconomic Time Series", *NBER Working Papers*, 1998.

Stock, J. H. and Watson, M. W., "Evidence on Structural Instability in Macroeconomic Time Series Relations", *Journal of Business & Economic Statistics*, Vol. 14, No. 1, 1996: 11 – 30.

Stock, J. H. and Watson, M. W. , "A Probability Model of Coincident Economic Indicators", *NBER Working Paper*, No. 2772, 1988.

Stock, J. H. and Watson, M. W. , "Understanding Changes in International Business Cycle Dynamics", *Journal of the European Economic Association*, Vol. 3, No. 5, 2005: 968 – 1006.

Summers, R. , *Services in the International Economy*, In Inmann ed. *Managing the Service Economy: Prospects and Problem*, Cambridge: Cambridge University Press, 1985.

S. Boragan Aruoba and Cagri Sarikaya, "A Real Economic Activity Indicator for Turkey", *Central Bank Review*, Vol. 13, No. 1, 2013: 15 – 29.

Terasvirta, T. and Anderson, H. M. , "Characterizing Nonlinearities in Business Cycles Using Smooth Transition Autoregressive Models", *Journal of Applied Econometrics*, Vol. 7, No. S1, 2010: 119 – 136.

Terasvirta, T. , "Multivariate Autoregressive Conditional Heteroskedasticity with Smooth Transitions in Conditional Correlations", *Research Paper*, Vol. 7, No. 4, 2005: 373 – 411.

Trevor Greethamand Michael Hartnett, "The Investment Clock—Special Report: Making Money from Macro", *Merrill Lynch*, Vol. 11, No. 10, 2004: 1 – 28.

Tsolacos, S. , Brooks, C. , Nneji, O. , "On the Predictive Content of Leading Indicators: The Case of U. S. Real Estate Markets", *Journal of Real Estate Research*, Vol. 36, No. 4, 2014: 541 – 574.

Uhlig, H. , "What Are the Effects of Monetary Policy on Output? Results from an Agnostic Identification Procedure", *Journal of Monetary Economics*, Vol. 52, No. 2, 2005: 381 – 419.

Uhlig, H. , "What Macroeconomists Should Know about Unit Roots",

Econometric Theor, No. 10, 1994: 645 – 671.

Watanabe, T. and Omori, Y. , "A Multi-move Sampler for Estimating Non-Gaussian Time Series Models: Comments on Shephard and Pitt (1997)", *Biometrika*, No. 91, 2004: 246 – 248.

Wilber, S. , *The Service Sector and Long-run Economic Growth*, Mimeo, 2002.

Windrum, P. and Tomlinson, M. , "Knowledge-intensive Services and International Competitiveness: A Four Country Comparison", *Technology Analysis and Strategic Management*, Vol. 11, No. 3, 1999: 391 – 408.

Zetland, D. , "The Real Estate Market Index", *Social Science Electronic Publishing*, Fall 2010: 78 – 90.

后 记

本书内容基于我的博士论文《中国服务业多维景气监测和周期波动研究》整理形成，选题来自导师陈磊教授主持的国家社科基金重大项目"新常态下我国宏观经济监测和预测研究"（15ZDA011），整个研究过程和相关论文的形成与发表均得到该项目的资助。

本书内容得以顺利完成，首先要感谢我的导师陈磊教授。读博期间，陈老师在学习上给予我们指导和启迪，对学生严格要求，并尽自己所能帮助每一名学生。2016年年初，我将博士论文的研究方向确定为服务业景气监测，本书从选题到写作、修改，再到最终的定稿过程中，小到标点符号，大到逻辑框架，老师都帮助我认真思量、推敲。陈老师对待学术的认真态度和严谨作风深深影响着我，激励着我，求学之路虽然漫长而辛苦，但有恩师如此，已是一笔财富。

其次，我要诚挚感谢一直为我无悔付出的家人。感恩父母对我的养育和培养，父母之恩，毕世莫酬。感谢我的丈夫在我遇到挫折时劝导我，在我取得成绩时勉励我。人生路远，何其有幸与你同行。此外，感谢孟勇刚博士、孙晨童博士和周京博士等同门在论文撰写和学术讨论中对我的帮助。

最后，我想斗胆谈谈对于学术研究的一点愚见。不管是学位论文还是期刊论文的撰写，选题的重要性占据了半壁江山。选题并不仅仅是确定一个题目这么简单，它决定着整个研究的高度、深度和广度，这是在大量阅读文献和深入思考后逐渐形成的，只要前期准备充分，对相关方向的研究成果了解足够全面，一定可以确定一个有价值的题目。学术研究并不是纸上谈兵，尽管大部分研究成果很难有所应用和转化，但一个符合社会发展阶段、契合国家战略、解决实际问题的选题永远是值得关注和研究的。另外，研究方法和模型只是我们进行学术研究的一项工具，这项工具是为研究内容和研究目的服务的，如何讲好故事才是首要任务，所以在学术研究的过程中切勿本末倒置，让研究工具支配了研究内容。这是我曾经困惑的问题，在此指出，与各位共勉。

王艺枞

2020年7月30日于大连